図解
よくわか

地方議会のしくみ

〈改訂版〉

武田正孝［著］

学陽書房

改訂にあたって

自治体職員をはじめとして、議員、住民の皆さんなどにも、地方議会のしくみをわかりやすくお伝えしたい——。そのような思いから本書の初版を刊行したのは2015年のことです。

イラストや図表の活用、１項目２ページ構成など、わかりやすさを追求した本書は、おかげさまで多くの方に手に取っていただきました。「議会の基本が図解入りで説明されていて、非常にわかりやすい」「これまで議会について何も知らなかったが、本書でよく理解できた」などの声も頂戴し、以来７年にわたり増刷を重ねてきました。

しかし、初版発行時から議会をめぐる状況は大きく変わりました。最大の変化は、もちろん新型コロナウイルス感染症の影響でしょう。

例えば、初版発行時には想像もしなかったオンラインによる委員会の開催が、現実のものとなりました。また、執行機関の説明の省略など、従来の審議方法が見直されました。さらに、議会BCPや議会評価などの新たな話題も、各地で議論されています。そこで、今回、新たなトピックを序章として追加するとともに、これまでの内容についても内容を刷新するなどし、改訂版として発刊することとなりました。

本書は、地方議会の仕組みを以下のコンセプトで解説しています。

1　イラストや図表を使い、わかりやすさを追求

2　１項目を見開き２ページ構成とし、簡潔明瞭に整理

3　一般の参考書にはない、議員活動や議会の申し合わせなどを解説

議会は自治体にとって欠かせないものである一方、苦手意識を持っている自治体職員がいるのも事実です。それは地方自治法をはじめと

する法律だけでなく、申し合わせや先例によって物事が決定していくことがあったり、議員との距離感がつかめなかったりするといったことがあるからです。

このため、議会事務局の職員に質問すると、「それは申し合わせで決まっているから」とあっさり言われたり、課長から「なぜ、そのことを報告しないんだ。それは、○○議員が、以前から議会で取り上げている事項だぞ」などと言われてしまうことがあります。

また、議員が日頃どのような活動を行っているのかを知らない職員も少なくありません。

公式の本会議や委員会などに出席していることは知っていても、その他にどのような活動をしているのか、議員にはどのような義務や権利があるのかも、よくわかっていないのです。

本書は、私が議会事務局に席を置いた経験、また管理職として議会対応を行ってきた経験も踏まえ、議会の権限から、議会と長の関係、本会議・委員会の議事運営、議員の活動、議会改革まで、職員、議員に必須の基礎知識を取り上げています。また、各地で実施している様々な議会改革の取組みについても取り上げています。

複雑な事柄をシンプルに、親しみやすいように解説していますので、「議会のことを勉強するぞ！」と力むのではなく、できるだけ楽しみながら「なるほど、議会はこうなっているんだ」と学んでいただければ幸いです。

最後に、原稿を上手にまとめていただくとともに、いろいろとアドバイスをしていただいた学陽書房の村上広大さんと、これまで様々な場面でご指導いただいた議員の方々に心から感謝を申し上げます。

2022年7月

武田正孝

第2章 議会と長の関係

第3章 会議のしくみと原則

第4章 会議の議事運営

第5章 委員会制度

第6章 議員・議長・副議長

第7章 議会にかかる法令等

第8章 議員の活動

第9章 議会改革

<法令名の略記>

地方自治法　⇒　自治法、法
地方自治法施行令　⇒　自治令
日本国憲法　⇒　憲法
地方公務員法　⇒　地公法
公職選挙法　⇒　公選法
地方教育行政の組織及び運営に関する法律　⇒　地教行法

地方議会をめぐる最新動向

序-1 議会における新型コロナ対応

［参考］全国市議会議長会ホームページなど

①会派・議員・委員会の視察の中止・延期（89.9%）

②傍聴自粛の依頼・傍聴定員の減員（84.2%）

③議場等の扉の開放（75.1%）

④議席・演壇等へのアクリル板や透明フィルム等の設置（73.5%）

⑤説明員の減員・途中入場者の容認（70.1%）

⑥議席の変更・議席間隔の拡幅（44.2%）

※その他、一般質問、質疑の持ち時間の短縮、採決時を除き本会議の出席議員数を減員、会期の短縮又は延長、一般質問の取りやめなど

出典：全国市議会議長会
「令和３年度　市議会の活動に関する実態調査」をもとに作成

○新型コロナウイルス感染症への対応として、各議会では様々なことを実施。
○内容としては、議会運営に関するもの（会期の縮小など）、住民に関するもの（傍聴の中止など）、施設に関するもの（会議室の消毒など）など、広範囲にわたる。

押さえておこう

●傍聴の自粛・制限・中止

感染防止の観点から、傍聴席への入場者制限、傍聴自粛の呼びかけが行われました。一方で、ホームページ、YouTube、Facebookでのライブ配信など、ネットで視聴できる環境を整備している自治体もあります。

●一般質問・質疑の中止・取り下げ

幹事長会・会派代表者会議などで「一般質問の取りやめ」を決定したり、「自主的な取り下げ」や「自粛」を行ったりした例があります。また、実施した場合でも、人数制限や時間短縮を行った自治体もあります。

●専決処分

議会を招集する時間的余裕がないため、長による専決処分が増加したことも、コロナの影響の1つと言えます。ただし、専決処分があまりに多いと、議会軽視との批判にもつながります。

序-2 コロナ禍での議会運営の課題

［参考］総務省通知

コロナ禍での議会運営における対応方法の例

	項目	対応方法の例
本会議	議員の出席	通常は定足数に必要な半数のみ出席とし、採決のみ全員出席
	執行機関の出席	説明に必要な者や答弁のある者に限定
	傍聴	人数制限、体温測定、手指の消毒
	質疑・一般質問	中止、人数制限、時間短縮

	項目	対応方法の例
委員会	議員の出席	オンラインでの出席
	執行機関の出席	答弁のある者に限定
	傍聴	人数制限、体温測定、手指の消毒
	開催場所	席の間隔が確保できる委員会室のみ使用
	議案審査	執行機関からの説明は省略

○従来の議会運営を見直し、コロナ禍にも対応できる方法に変更。
○オンライン会議での委員会開催は認められているが、本会議は認められていない。

今後の課題

①オンライン本会議

自治法113条・116条における「出席」とは、現に議場にいることと解されていることから、オンラインでの本会議は認められていない。

②ICTの活用

議員へのタブレット端末の配付、オンライン会議の実施など、議会におけるICTの活用が必要となってきている。

③従来の審議方法の見直し

コロナ禍の影響により、議案審査における執行機関からの説明が省略されても特段の問題は発生しなかったことが明らかになったことから、従来の審議方法を抜本的に見直す動きも出てきている。

押さえておこう

●オンライン会議による委員会開催

オンライン会議で委員会を開催することが認められています（令和2年4月30日付け総務省通知「新型コロナウイルス感染症対策に係る地方公共団体における議会の委員会の開催方法について」）。しかし、本会議では認められていません（令和2年7月16日付け総務省通知「新型コロナウイルス感染症対策に係る地方公共団体における議会の委員会の開催方法に関するQ＆Aについて」）。しかし、急な議案審査や議決が必要なことも想定されるため、本会議でも実施できるように国に意見書を提出している自治体もあります。

●その他のオンライン会議

議会内における様々な会議（議会災害対策会議など）についても、オンラインで実施している自治体があります。コロナ禍に限らず、平常時でもオンライン会議が定着すれば、子育て中の議員なども参加しやすくなり、議員のなり手不足の解消につながる可能性があるとの指摘があります。

序-3 議会のICT活用

［参考］大津市議会ICT化構想

1. タブレット端末導入

議案資料のペーパーレス化、資料や通知等の一斉送信、グループウエアの活用によるファイルやスケジュールの共有

2. インターネット中継

リアルタイムで本会議や委員会を中継

3. 電子採決システム

全議員の賛否の明示、採決時間の短縮

4. オンライン視察

コロナ禍の影響で現地視察を取りやめ、オンラインによる行政視察の実施

5. オンライン研修

議会の会議室に講師を招聘して議員への配信を行ったり、講師がオンラインで参加して議員が会議室等で視聴を行ったりする

ポイント

○新型コロナウイルス感染症の影響により、タブレット端末の導入が進むなど、議会 ICT 化がこれまで以上に注目されるようになった。
○オンライン視察やオンライン研修なども実施されている。

押さえておこう

●ICT 活用のメリット・デメリット

ICT 活用のメリットとしては、効率的な議会運営、市民に開かれた議会の実現、ペーパーレス化による環境負荷への低減、速記者の廃止による経費削減、議会事務局職員の負担軽減などがあります。一方で、デメリットとしては、イニシャル・ランニング両面にわたるコスト負担、議会の改修工事、ICT 化の合意形成や実現までに時間が必要、操作方法の習熟、システム故障時への対応などが指摘されています。

●オンライン視察

従来の現地視察に比べて、交通費等のコストや時間を削減できるメリットがある一方で、実際に現物を確認することができない、視察先の負担増などが想定されます。また、オンライン視察先から名産を取り寄せるなどの工夫をしている自治体もあります。

序-4 女性議員をめぐる環境

［参考］内閣府「女性の政治参画への障壁等に関する調査研究報告書」

女性議員を取り巻く課題

1. 出産・育児等との両立支援

会議規則における出産等における欠席規定の整備、議員が利用できる託児スペース・授乳室の整備など

2. 立候補しにくい環境

仕事や家庭生活のため選挙運動等にかける時間がない、当選した場合に家庭生活との両立が難しいなど。これらが議員の成り手不足の原因の一因との指摘もある（令和２年６月・地方制度調査会答申）。

3. ハラスメント

立候補検討・準備中でのハラスメント、議員活動における性差別やセクシャルハラスメントなど

○出産・育児等の両立など、女性議員を取り巻く環境には課題が多い。
○女性が立候補しにくい環境が、議員の成り手不足の一因とされている。

押さえておこう

●女性議員数

総務省「地方公共団体の議会の議員及び長の所属党派別人員調等」（令和３年12月31日現在）によると、都道府県議会では男性2,292人・女性306人、市区議会では男性15,440人・女性3,260人、町村議会では男性9,465人・女性1,260人となっており、女性議員の割合が依然として低いことがわかります。

●ハラスメントの状況

議員活動や選挙活動中に、有権者や支援者、議員等からハラスメントを受けたかという質問に対して、全体の42.3％、男性の32.5％、女性の57.6％が受けたと回答。ハラスメントの内容では、全体及び男性では「SNS、メール等による中傷、嫌がらせ」が最も多く、女性では「性的、もしくは暴力的な言葉（ヤジを含む）による嫌がらせ」が最も多いです（出典：内閣府「女性の政治参画への障壁等に関する調査研究報告書」）。

序-5 議会BCP

[参考] 芦屋市議会機能継続計画

議会BCPの例

芦屋市議会機能継続計画 （議会BCP） ～地震・風水害編～ の主な内容
第1編 議会機能継続計画について 第2編 災害時行動マニュアル 　序 章 災害時行動マニュアルについて 　第1章 初動期（災害等発生 直前･直後～災害対策会議設置） 　第2章 応急対策期（災害対策会議設置～本会議等開催可） 　第3章 復旧期（本会議等の開催可～平常時の議会運営） 第3編 日常の備え（議会機能を継続させるために）

○議会 BCP は、平成26年に大津市議会が地方議会で初めて策定した。
○議会 BCP の目的は、大規模災害発生時等であっても議会の役割を果たすことができるようにすることなどである。
○従来は地震や豪雨災害のような自然災害を対象としていたが、新型コロナウイルス感染症の影響により、感染症も対象として含めるよう改正している事例が見られる。

芦屋市議会機能継続計画（議会BCP）～感染症対策編～の主な内容

第1 議会機能継続計画(感染症対策編)について
第2 感染症対応行動マニュアル
第3 日常の備え

押さえておこう

●議会 BCP 策定の効果

議会 BCP 策定の効果としては、BCP 策定目的である大規模災害発生時等であっても議会の役割を果たすことができるほか、議会における指揮命令系統の確立、具体的な行動指針となることなどが指摘されています。

●行動指針

行動指針とは、大規模災害時等に議員がどのように行動すべきかを記したものです。議会 BCP の中で定めている場合もあれば、BCP とは別に定めている場合もあります。

序-6 議会評価

［参考］公益財団法人日本生産性本部地方議会改革プロジェクト

「地方議会評価モデル（要約版）」の評価項目一覧

視点		項目
視点1 戦略プラン	活動の方向性づくりと具体化	①理想的な姿の構想
		②政策課題の明確化
		③理想的な姿の実現
視点2 政策サイクル	議会の基本的な活動	④住民との対話
		⑤議員間の討議
		⑥政策立案・議案審査
		⑦総合計画・政策成果・決算の連動
視点3 条件整備	能力向上と連携による組織的基盤の強化	⑧能力向上
		⑨体制づくりと活動整備
		⑩内部資源と外部連携の活用
視点4 信頼と責任	議会に対する信頼の増進	⑪法令等遵守
		⑫情報公開と説明責任
		⑬危機管理
視点5 ふり返りと学び	ふり返りを通じた改善	⑭ふり返りの取り組み方
		⑮ふり返りの結果の活用

出典：公益財団法人日本生産性本部地方議会改革プロジェクト

○議会評価とは、議会自らがその活動について評価を行うもので、目的は議会改革を進めること。
○2020年、日本生産性本部の研究会は「地方議会評価モデル」をまとめた。

地方議会評価モデルとは

議会の組織性に着目し、5つの視点から多角的に議会運営の「状態」を確認する評価基準。先進的な議会改革事例を踏まえつつ「議会からの政策サイクル」を回すために欠かせない組織マネジメントに必要な観点から構築されています。40項目で構成される標準版と、特に大切な15の重点項目に絞り込んだ要約版の2種類がある。

押さえておこう

●地方議会評価モデル

地方議会評価モデル（標準版）では、それぞれの視点である「戦略プラン」（8項目）、「政策サイクル」（10項目）、「条件整備」（8項目）、「信頼と責任」（8項目）、「ふり返りと学び」（6項目）の5つの視点（全40項目）から議会全体の姿を確認し、新たな価値創造によって、住民福祉の向上を目指しています。

●議会プロフィール

地方議会評価モデルと同時に示された、議会の現状や今後のあり方等を分析するシート。議会の「理想的な姿」を構想し、現状分析と将来の社会環境の変化を想定しながら、今後、取り組むべき課題や進むべき方向性を導き出そうとするものです。

第1章

地方議会のしくみと権限

1-1 議会の意義

［関係条文］憲法93条、自治法89条、94条

地方議会＝二元代表制

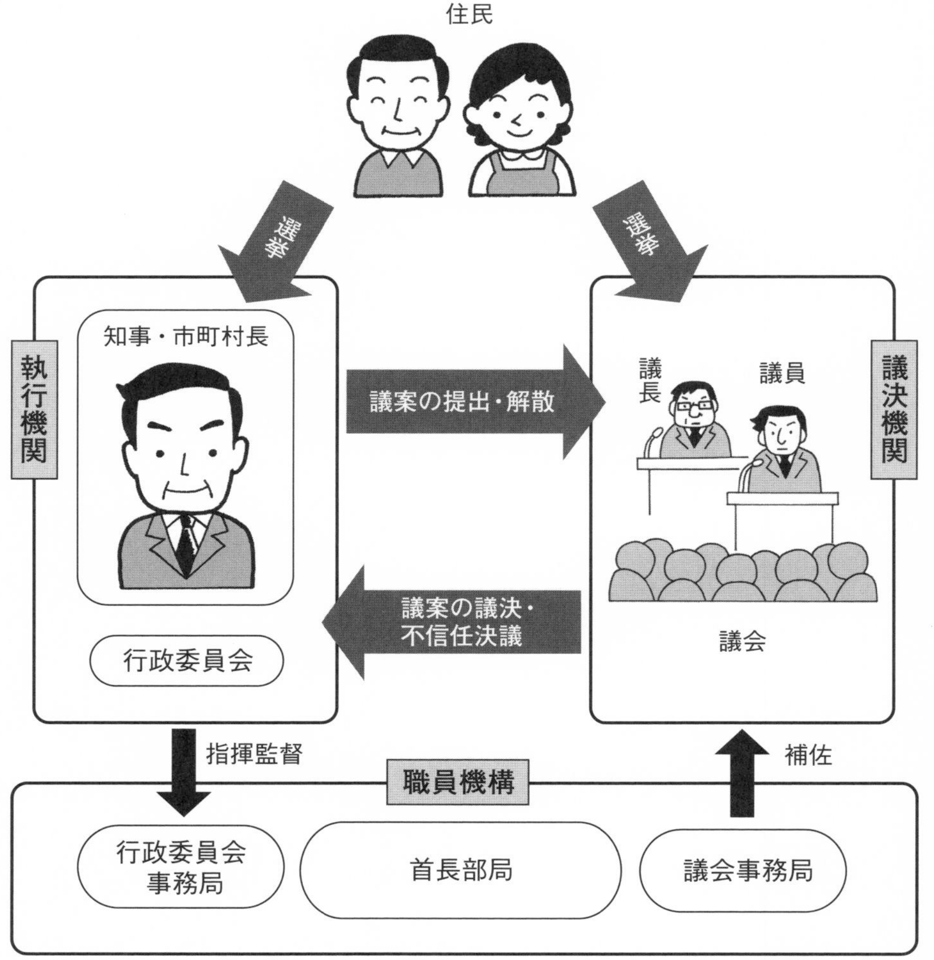

○自治体では首長と議員がともに選挙で選ばれ、住民代表となる。
○行政と議会が互いに協力・牽制しながら自治を行う。
○議会の存在により、首長の暴走抑止、多様な住民意見の反映、両者の議論により政策形成を行うことができる。

二元代表制

住民による直接選挙で首長と議員を選ぶ制度。両者が競いながら政策をつくり、相互にチェックを行います。

首長は、予算や条例などの議案の提出権や人事権などの権限をもちます。議会は議案の議決権などによって監視機能を担い、首長の不信任を決議する権限をもっています。

また、首長は不信任を受けた場合に、議会を解散できます。

押さえておこう

●議会の法的根拠

憲法93条には「地方公共団体には、法律の定めるところにより、その議事機関として議会を設置する」、自治法89条には「普通地方公共団体に議会を置く」とあり、議会の設置について明記されています。

ただし、町村については、条例により、議会を置かず、有権者からなる町村総会を置くことができるとされています（自治法94条）。

1-2 国会と地方議会

［関係条文］憲法41条

地方議会

住民

知事・市町村長

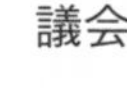

議案の提出・解散

議案の議決・ 不信任決議

○国会議員も地方議員も選挙で選ばれた議員だが、相違点が多くある。
○国会は国の最高機関だが、地方議会は執行機関と対等・平等の関係にある。
○国会は国の唯一の立法機関だが、地方では執行機関である長にも規則制定権がある。

国会

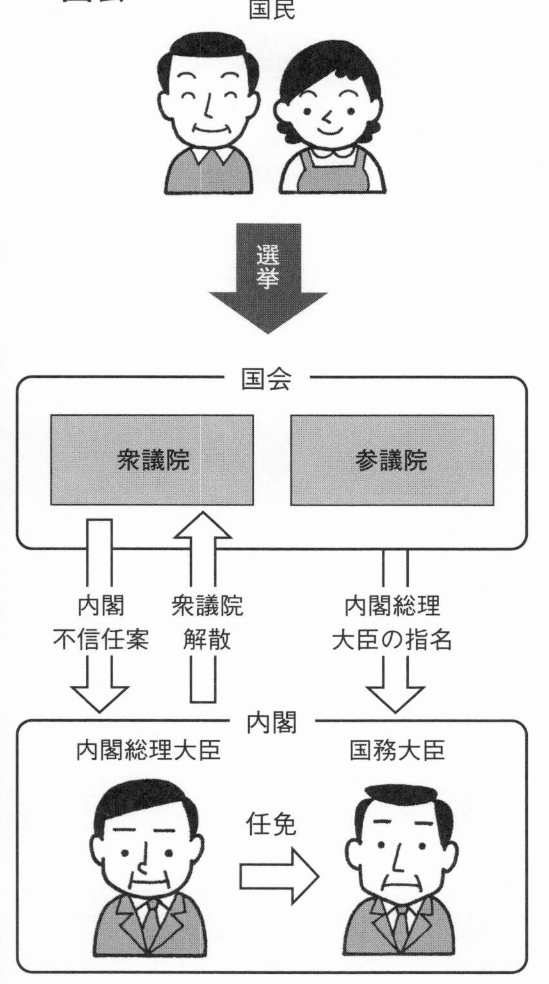

押さえておこう

●国権の最高機関

憲法41条には「国会は、国権の最高機関であつて、国の唯一の立法機関である」とあります。一方、地方の場合は、執行機関の長も地方議員も選挙で選ばれる二元代表制のため、対等・平等の関係にあります。

●立法機能

地方議会も法律の範囲内において、広範な条例制定権をもつ地方公共団体の立法機関です。しかしながら、地方公共団体の立法機能としては、執行機関の長にも規則制定権が認められており、また各行政委員会にも規則、規程の制定権が認められています。

●議院内閣制

国会の信任に基づいて内閣がつくられ、内閣が国会に対して責任を負うしくみです。このため内閣が議会に対して責任を負い、その存立が議会の信任に依存しています。そのため、その信頼関係がなくなり内閣不信任案が可決されたときなどは、内閣は総辞職するか、衆議院を解散します。地方における執行機関と議会の関係とは異なります。

1-3 定数

［関係条文］自治法90条、91条

人口段階別にみた市議会議員の実数の状況

人口段階	市数（市）	1市当たり平均（人）
5万未満	287	16.7
5～10万未満	247	20.2
10～20万未満	149	25.2
20～30万未満	47	30.3
30～40万未満	29	35.9
40～50万未満	21	39.1
50万以上	15	44.5
指定都市	20	58.4

対象：全国815市（東京23特別区を含む）
出典：全国市議会議長会「市議会議員定数に関する調査結果」（令和3年12月31日現在）をもとに作成

人口段階別にみた町村議会議員数の状況

人口段階	町村数（町村）	1町村当たり平均（人）
5千未満	280	8.9
5千～1万未満	238	11.2
1万～1万5千未満	159	12.9
1万5千～2万未満	105	13.5
2万以上	144	14.9

対象：926町村（743町、183村）
出典：全国町村議会議長会「町村議会実態調査結果の概要」（令和3年7月1日現在）をもとに作成

○議員定数（議会の構成員数）は、各自治体の条例で定める。
○かつては、人口規模別に議員定数の上限が定められていたが、平成23年の法改正で撤廃された。これは、「議会制度の自由度を高めるため、定数の決定は各地方公共団体の自主的な判断に完全に委ねる」（第29次地方制度調査会「今後の基礎自治体及び監査・議会制度のあり方に関する答申」）という考え方が背景にある。

市議会・町村議会の定数・議員数の比較

	市（人）	町村（人）
議員定数計	18,694	10,947
1市（町村）あたりの平均	23.3	11.8
議員数	18,682	10,769

押さえておこう

●定数の変更

条例で定められた議員定数は、一般選挙の場合でなければ変更することができません（自治法90条2項・91条2項）。一般選挙とは、任期満了、議会の解散、議員の総辞職に伴い実施される選挙を指します。このように、原則として議員の任期中には定数は変更されませんが、次のような特例があります。

●定数変更の特例

原則、議員の任期中には定数の変更は行われません。しかし、次のような理由で著しい人口の増減があった場合には、議員の任期中でも定数の変更が認められています（自治法90条3項、91条3項）。
①申請に基づく都道府県の合併
②市町村の廃置分合
③市町村の境界変更

なお、定数変更の特例により定数が減少し、現在の議員数がその定数を超える場合があります。そのときは、議員の任期中は、現在の議員数を定数とします。しかし、この場合、任期途中で議員の死亡などで欠員が生じたときは補充することなく、新しい定数になるまで減少していきます。

1-4 議決権

［関係条文］自治法96条

議決を要する事項（自治法96条１項）

① 条例の制定・改廃（自治法14条）
② 予算の議決（自治法211条・218条）
③ 決算の認定（自治法233条）
④ 地方税の賦課徴収・分担金、使用料、加入金又は手数料の徴収
⑤ 工事・製造の請負契約のうち、政令で定める基準額以上で条例で定める額以上の契約の締結（自治令121条の２第１項）
⑥ 財産の交換・出資・支払手段としての使用・適正な対価なくしての譲渡又は貸付け
⑦ 不動産の信託（自治法237条２項）
⑧ 政令で定める面積以上の不動産・動産、不動産信託の受益権の買入れ・売払いの契約のうち、政令で定める基準額以上で条例で定める額以上の契約の締結（自治令121条の２第２項）
⑨ 負担付きの寄附・贈与
⑩ 権利の放棄
⑪ 条例で定める公の施設の長期かつ独占的な利用（自治法244条の２第２項）
⑫ 地方公共団体が当事者である不服申立て・訴えの提起・和解・あっせん・調停・仲裁
⑬ 損害賠償額の決定
⑭ 公共的団体等の活動の総合調整
⑮ 法律又はこれに基づく法令により議会の権限に属する事項 （例：指定管理者の指定、外部監査契約の締結、地方道路の認定等）

○議会には立法機能、執行機関に対する監視機能などがあるが、具体的な権限として、議決権、選挙権、検査権などがある。
○議会の意思を決定するために付与された議決権は、最も中心的な権限である。
○議会における議決事項は、自治法に制限列挙されている。

※ このほか、条例で地方公共団体に関する事件について議会の議決事項を定めることができる（自治法96条２項）

押さえておこう

●議決事項

自治法96条２項に基づき、議会の議決事項として追加指定できるものの中には、法定受託事務も含まれます。ただし、国の安全に関することその他の事由により議会の議決すべきものとすることが適当でないものとして政令で定めるものは除きます。

●決算の認定案の否決

決算の認定案が否決された場合、その議決を踏まえて必要と認める措置を講じたときは、速やかにその内容を議会に報告するとともに公表しなければなりません。

1-5 選挙権

［関係条文］自治法97条1項、118条

○選挙権とは、議員の意思によって、議長などの特定の地位に就くべき者を選んで、決定する権限をいう。
○議会は法律又はこれに基づく政令により、議会の権限に属する選挙を行うことが義務付けられており（自治法97条１項）、議長や副議長の選挙、仮議長の選挙、選挙管理委員及び補充員の選挙などがある。

議会が行う選挙

議長及び副議長の選挙
（自治法103条１項）

仮議長の選挙
（自治法106条２項）

選挙管理委員及び
補充員の選挙
（自治法182条１・２項）

押さえておこう

●選挙の手続

法律又はこれに基づく政令に基づき、地方公共団体の議会が行う選挙は、手続として公職選挙法を準用することが規定されています（自治法118条１項）。具体的には、投票の記載事項及び投函、点字投票、代理投票、無効投票などがあります。

●指名推選

議会の選挙では、議員に異議がないときは、指名推選を用いることができます（自治法118条２項）。これは、特定の候補者をあらかじめ指定して会議に諮り、全員の同意によってその者を当選人とする方法です。

指名推選は、指名推選の方法によること、指名の方法、被指名者何某を当選人とすることのいずれにも異議がなかった場合にのみ当選が決定します（行政実例昭和28年６月24日）。

1-6 予算の増額修正権

［関係条文］自治法97条2項

知事・市町村長

予算案の調製・提出

修　正

議会

増額修正（原案にない事項を追加、金額の増額）

長の提出の権限を侵すことはできない
（長が提案した予算の趣旨を損なうような増額修正は不可）

減額修正（原案の一部削除、金額の減額）

自由に行うことができる

○予算とは、一定期間の歳入と歳出の見積額をいう。
○予算の提案権は長のみにあり、議員にはないが、予算は議会の議決により決定する。
○自治法97条2項では、議会による予算の増額修正ができることを明記しているが、増額修正には一定の制約がある。

予算の内容

予算とは、自治法215条で次の7つから成ると定められています。
①歳入歳出予算
②継続費
③繰越明許費
④債務負担行為
⑤地方債
⑥一時借入金
⑦歳出予算の各項の経費の金額の流用

増額修正に当たるかの判断

当該増額修正をしようとする内容、規模、当該予算全体との関連、当該地方公共団体の行財政運営における影響度等を総合的に勘案して、個々の具体の事案に即して判断すべきものとされています。
（行政実例昭和52年10月３日）

押さえておこう

●予算の減額修正

予算の修正には増額だけでなく、減額修正もあります。この減額修正については、基本的には制約がありません。

これは、長が提出した予算案を減額するため、増額とは異なり、長の提案した内容と大幅に変わることがないと考えられるためです。また、もし予算案そのものに反対であれば、減額でなく否決することもできるからです。

なお、減額修正の対象となるのは長により提出された予算案です。例えば、補正予算案の減額修正については、原則として補正の対象とされていない部分については修正することができず、補正予算案に関する部分のみが修正が可能となります。

1-7 検査権

[関係条文] 自治法98条1項

事務の管理、議決の執行及び出納を検査する権限（書面による検査）

事務に関する
書類・計算書

議会

長その他の
執行機関

ポイント

○二元代表制では、行政と議会が互いに協力・牽制しながら自治を行うため、議会には執行機関が行う内容を監視する権限がある。
○検査権には、①書類及び計算書の検閲、②長その他の執行機関から受ける報告という２つの方法がある。これは書面による検査を指し、実地検査が必要な場合は次項で述べるとおり監査委員に監査を請求することとされる。

事務検査の内容

事務検査は具体的な事件だけでなく、行政全般について検査することができます。

検査の実施方法

①議員全員によって本会議で行う
②特定の委員会に付託して行う
※通常は②の方法が多い

押さえておこう

●事務検査の対象

事務検査の対象は、自治事務と法定受託事務を指しますが、いずれも検査の対象外となる範囲があります。自治事務については、労働委員会及び収用委員会の権限に属する事務で政令で定めるもの、法定受託事務については、国の安全を害するおそれがあることその他の事由により議会の検査の対象とすることが適当でないものとして政令で定めるものがいずれも検査の対象外となります。

なお、検査は議会が行うため、検査を行う議決が必要となります。

●執行機関の対応

議会が行う検査については、正当な理由のない限り、書類等の提出又は報告の請求を拒むことはできません。

●検査の時期

検査が行われる時期は議会が開会されており、活動能力を有するときに限られます。ただし、委員会に特定の事務についての検査が付議されたときは、当該委員会は閉会中でも検査に関する活動ができます。

1-8 監査請求権

［関係条文］自治法98条2項、195条～199条等

監査委員に事務の監査を求め、結果の報告を請求する権限

（実地検査が必要な場合に行う）

議会

監査委員

監査請求

○議会は監査委員に対し、地方公共団体の事務に関する監査を求め、その結果を請求することができる（自治法98条2項）。
○監査請求権は議会に与えられたものであり、委員会や議員個人に与えられたものではないため、監査請求権を使うためには議決が必要となる。
○実地検査が必要な場合は、前項の検査権ではなく、監査請求権による。

監査の内容

議会の監査請求による監査は、地方公共団体の財務に関する事務の執行などの財務監査だけでなく、事務が効率的に行われているかという視点から監査を行う行政監査を含みます。

また、議会の監査請求による監査が終了したときは、監査委員は議会の代表である議長に報告します。

押さえておこう

●**監査委員**

地方公共団体の財務事務の執行や事業の管理を監査するために置かれる執行機関です。監査委員の人数は、都道府県と政令で定める市は４人、その他の市町村は２人です（ただし条例による増加可）。

監査委員は、首長が議会の同意を得て知識経験者及び議員のうちから選任します。そのうち、議員から選任する監査委員は、都道府県と政令で定める市は２人又は１人、その他の市町村は１人です。ただし、条例で議員のうちから監査委員を選任しないことができます。

監査委員の役割としては、①一般監査（財務監査、行政監査）、②特別監査（事務監査請求、議会からの監査請求など）、③その他（決算審査、現金出納検査など）があります。

1-9 意見表明権

［関係条文］自治法99条、124条、206条等

意見書提出権（自治法99条）

地方公共団体の公益に関する事件について、議会の意思を決定して、国や関係行政庁に意見書を提出することができる権限

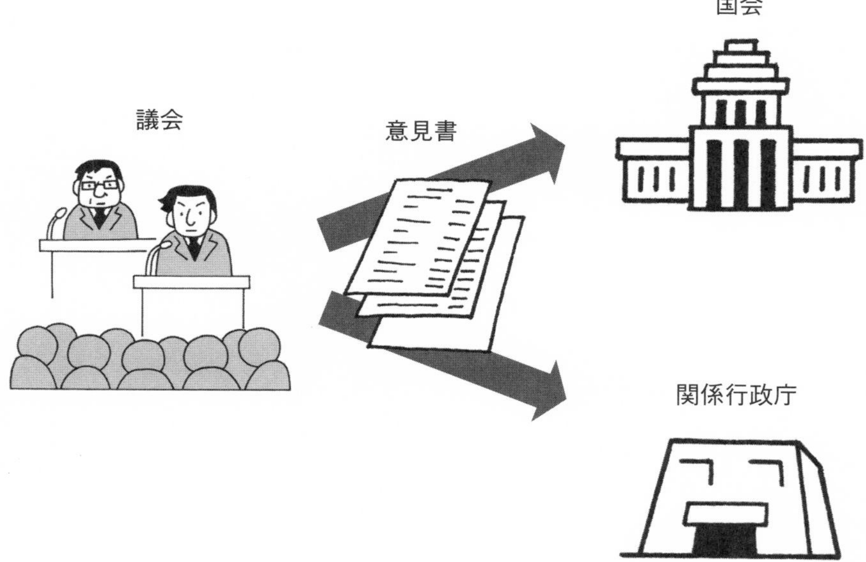

○意見表明権とは、議会が一定の事項について機関としてその意思や考えを表明する権限のことをいう。
○具体的には、意見書提出権（自治法99条）、請願受理権（同124条）、諮問答申権（同206条他）、決議などがある。

請願受理権

議会は住民の意見を行政に反映させるため、請願を受理する権限があります。その請願を受理した後、審査を行い、採択か不採択かを判断します。請願を採択することは、その意を尊重するという旨の意思を決定することになり、不採択はその反対となります。

諮問答申権

長などがある事項を決定するために、議会に諮問を義務付けているものがあります。例えば、職員が給与について審査請求を長に対して行った場合は、長は議会に諮問しなければならず、議会は諮問があった日から20日以内に意見を述べなければなりません。

押さえておこう

●決議

決議もまた意見表明権の１つであり、議会として意思を表明するものです。

しかし、法律に基づく意見書と異なり、法的拘束力もなく、また内容も限定されません。「○○議員辞職決議」のように議員の辞職を求めるような決議もあり、法的拘束力はないので辞職しなくても構いませんが、政治的な効果はあります。

1-10 調査権

[関係条文] 自治法100条

地方公共団体の事務に関する調査を行う権限

※いわゆる「100条調査権」

議会

○当該団体の事務に関する調査
○選挙人その他の関係人の出頭や証言、記録の提出の請求

長その他の執行機関

○議決権などの権限を有効・適切に使えるよう、議会には調査権がある。
○自治法100条に規定されていることから、一般に100条調査権と呼ばれる。
○当該団体の執行機関だけでなく、第三者である選挙人その他の関係人を証人として喚問し、証言を求め、あるいは資料の提出を求めることができる。

■100条委員会を設置した事例

（平成28年4月1日～30年3月31日）

- 豊洲市場移転問題に関する事項
  （東京都）
- 平成 28 年２月山梨県議会定例会閉会日が流会した原因の調査に関すること
  （山梨県）
- 資格決定要求の調査について
  （埼玉県草加市）
- 補助金事務に関する事項
  （新潟県五泉市）

など

出典：総務省「地方自治月報 第59号」

押さえておこう

●100条調査の範囲

100条調査は議会の議決権を補助するために設けられたものであり、当該地方公共団体の事務が調査の範囲となります。自治事務も法定受託事務も対象となりますが、一部例外があります。

●調査権の行使

100条調査を発議できるのは議員のみであり、長にはありません。また、行使するためには所定の賛成者が必要です。なお、本会議でなく委員会で調査を行う場合には、調査権を委員会に委任することも併せて議決する必要があります。実態としては、特別委員会にその権限が委任され、調査が行われることがほとんどです。

●罰則規定

議会の請求に対し正当な理由がないのに応じない場合には、罰則規定があります。議会に出頭せず若しくは記録を提出しないとき又は証言を拒んだときは、６か月以下の禁錮又は10万円以下の罰金に、宣誓した選挙人その他の関係人が虚偽の陳述をしたときは、３か月以上５年以下の禁錮に処せられます。

議会と長の関係

2-1 基本的関係

［関係条文］自治法176～180条

長と議会の権限と関係

住民

選挙

選挙

- 検査権
- 監査請求権
- 調査権
- 議場への出席要求権
- 請願処理報告請求権
- 同意権
- 不信任決議権
- 承認権
- 諮問答申権

知事・市町村長

- 議会の招集
- 再議・再選挙の請求
- 議会の解散
- 専決処分

ポイント

○長と議会の関係は、互いに対等・平等であり、相互に他を牽制しながら両者の調整が図られていることが、二元代表制の特徴である。
○ともに直接住民によって選挙を通じて選任されることから、牽制と均衡が図られることが期待されており、両者の意見が異なる場合には、最終的に選挙によって住民が決めることになる。

議会

• 自主解散権
• 会議規則制定権
• 懲罰権
• 決定権
• 選挙権
• 議決権

押さえておこう

●二元代表制が採用された理由

憲法が地方自治において二元代表制を採用した理由としては、次のような点が指摘できます。

①直接住民の意思を反映することができ、より民主的になること
②長を議会から独立させることにより、能率的・効率的な運営を期待できること
③議会と長を対立させることにより、相互の牽制と均衡を図ることができ、公正な行政を期待できること
④長と議会が対立した場合、住民の監視により妥当な解決を期待できること

2-2 長等の会議出席

［関係条文］自治法121条

議長

議会の審議に必要な説明のため議長から出席を求められたときは、議場に出席しなければならない

知事・市町村長

教育委員会

選挙管理委員会

人事委員会・
公平委員会

公安委員会

労働委員会

農業委員会

監査委員

その他職員等

○地方公共団体の長その他の執行機関は、議会への出席権をもっていない。
○あくまで議長から要求のある場合に限り、議会に出席しなければならない義務を負っている（自治法121条）。
○議会と長はともに住民に直接選ばれ、対等・平等であるため、議会の自主性を尊重し、執行機関が議会の活動に関与しないようにしている。

説明

議会に出席する長その他の執行機関は、説明するために出席を要求されていますので、答弁する義務があります。

ただし、秘密に属する事項については答弁しないことができます。これは、地方公務員法により守秘義務が課されているためです。

押さえておこう

●出席要求と説明員

執行機関に対して出席要求ができるのは議長だけです。また、法律では出席する執行機関の範囲を定めており、これら職員のことを一般に説明員と呼んでいます。説明員は以下のとおりです。

①当該地方公共団体の長
②教育委員会の教育長
③選挙管理委員会の委員長
④人事委員会の委員長又は公平委員会の委員長
⑤公安委員会の委員長
⑥労働委員会の委員
⑦農業委員会の会長
⑧監査委員
⑨その他法律に基づく委員会の代表者又は委員
⑩委任又は嘱託を受けた者

なお、「委任を受けた者」とは直接の部下職員を指し、「嘱託を受けた者」とは直接の部下職員以外の職員を指します。

2-3 専決処分

［関係条文］自治法179条、180条

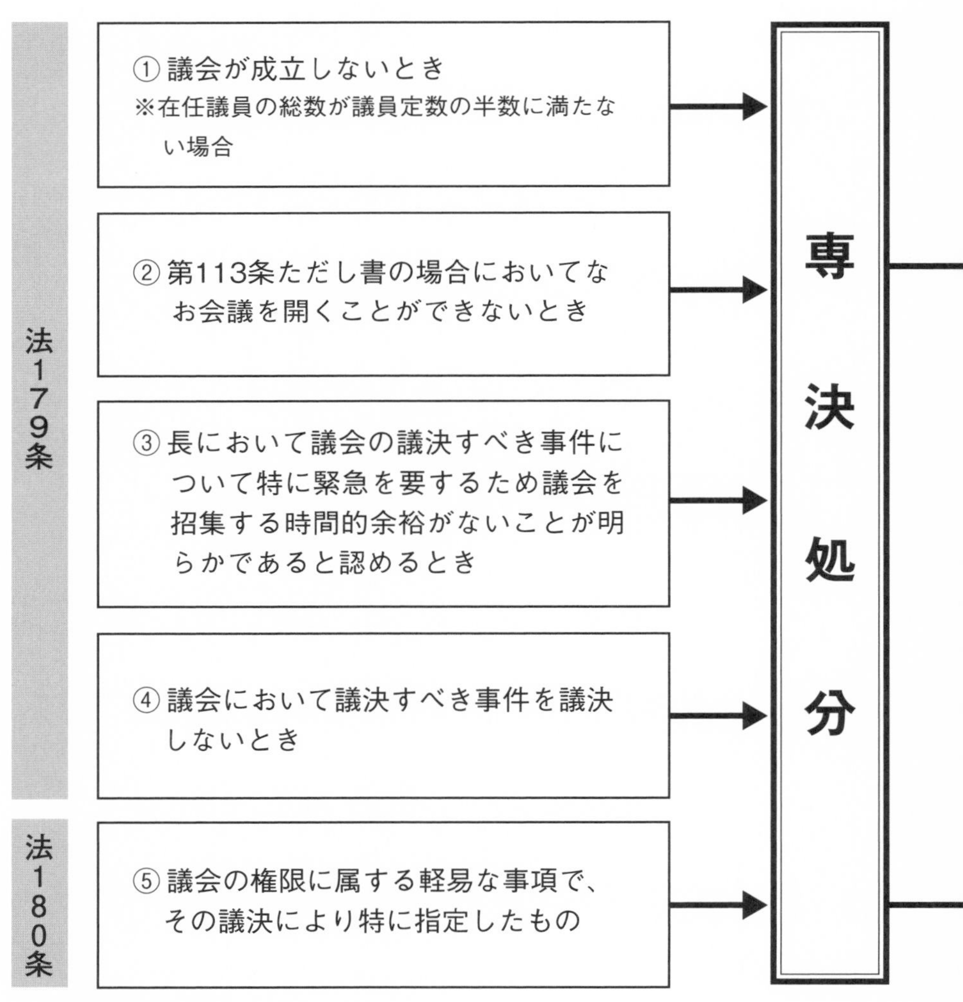

法179条
① 議会が成立しないとき
※在任議員の総数が議員定数の半数に満たない場合
② 第113条ただし書の場合においてなお会議を開くことができないとき
③ 長において議会の議決すべき事件について特に緊急を要するため議会を招集する時間的余裕がないことが明らかであると認めるとき
④ 議会において議決すべき事件を議決しないとき
法180条
⑤ 議会の権限に属する軽易な事項で、その議決により特に指定したもの
専決処分

出典：総務省資料をもとに作成

○専決処分とは、本来は議会の議決を要する案件について、特別の理由がある場合に、長の判断で議会の議決に代わる意思決定を行うことをいう。
○特別の理由とは、特に緊急を要するため議会を招集する時間的余裕がないことが明らかであると認めるとき、議会において議決すべき事件を議決しないときなどである。専決処分の目的は、行政運営の遅滞の防止にある。

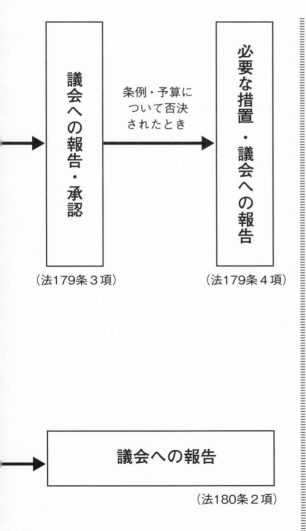

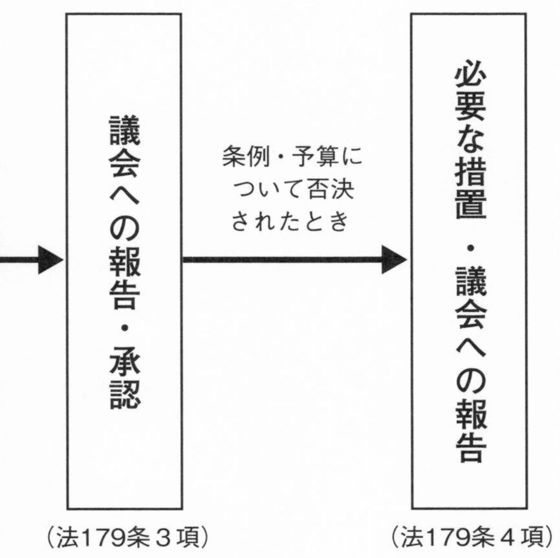

議会への報告

（法180条２項）

押さえておこう

●専決処分の報告

長が専決処分を行ったときは、次の会議に報告する必要があります。この際、左図の①〜④については議会に承認を求める必要があります。そして、議会は承認の可否について議決を行うことになります。

しかし、議会の承認が得られなかったとしてもその処分の効力には影響がないと解されていますが、条例・予算の専決処分について議会が不承認としたときは、長は必要と認める措置を講じ、議会に報告しなければなりません。

なお、⑤についてはあらかじめ議会の了解を得ているので、議会に報告をしなければなりませんが、承認は必要ありません。

2-4 再議

［関係条文］自治法176条、177条

出典：総務省資料をもとに作成

ポイント

○再議とは、議会の議決や選挙等に異議がある場合、再度の審議と議決を求める制度であり、長の拒否権ともいわれる。
○議会と長との間に対立が生じたときに、首長の側からこれを調整する手段として認められており、二元代表制における特徴的な制度といえる。
○一般的拒否権と特別的拒否権の２つに区分される。

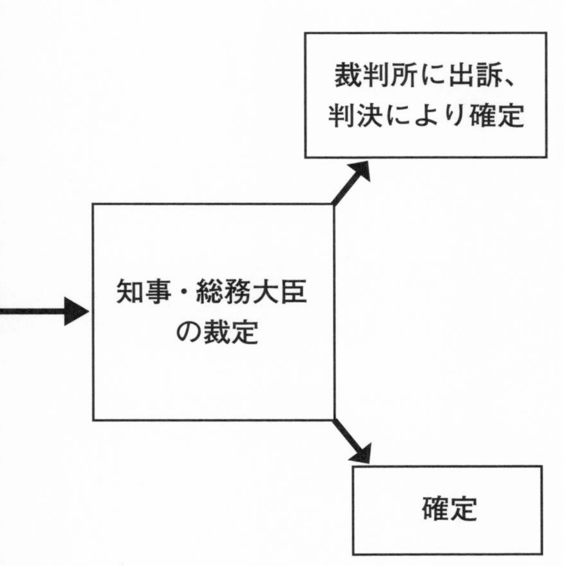

押さえておこう

●一般的拒否権

一般的拒否権とは、異議があれば発動できるものです。その対象は、以前は条例の制定や改廃、予算に関する議決だけでしたが、現在はそれ以外の議決事件に拡大されています。首長は10日以内に理由を示して再議に付すことができ、議会は審議を行います。過半数の再議決で確定しますが、条例・予算については、出席議員の３分の２以上の同意が必要です。

●特別的拒否権

特別的拒否権とは、特別の要件の下で発動しなければいけない、長の義務です。具体的には、①違法な議決または選挙、②法令により負担する経費等の削除・減額の議決、③非常の災害による応急若しくは復旧の施設のために必要な経費、感染症予防のために必要な経費の削除・減額の議決があります。

再議後も同じ議決等の場合は、①については総務大臣又は知事に審査を申し立てることができます。②は議決に反し予算を計上することができ、③については首長への不信任議決とみなすことができます。

2-5 不信任議決と解散

［関係条文］自治法178条

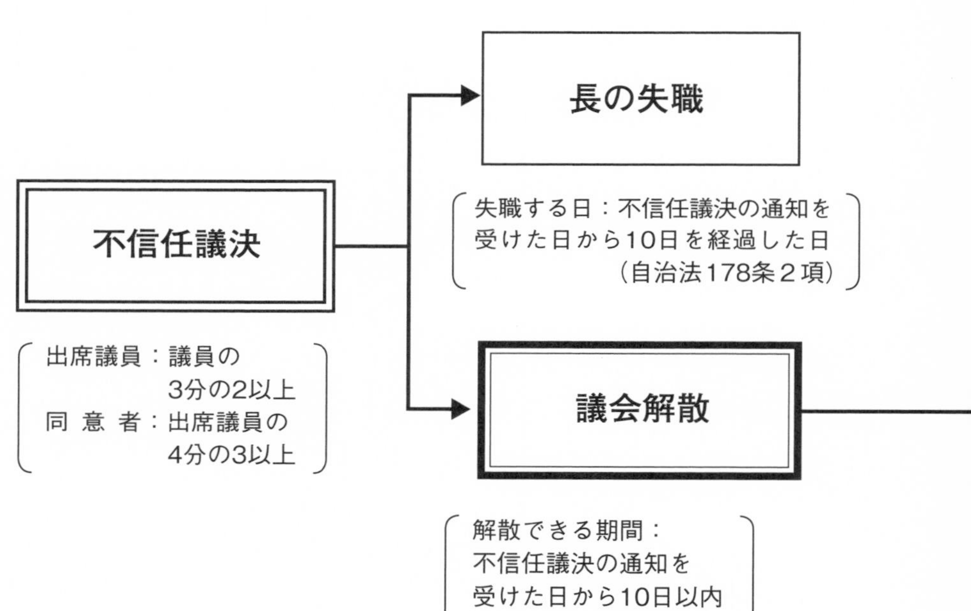

出典：総務省資料をもとに作成

○長と議会に対立が生じた場合、議会は長の不信任議決を行うことができる。
○不信任議決された場合、長は議会を解散でき、解散しない場合は、長が失職する。
○長と議会のいずれにもこうした権限を与えることにより、最終的に住民の判断である選挙によって決めることがねらいとなっている。

新議会による再度の不信任議決

解散後初めて招集された議会において
出席議員：議員の3分の2以上
同 意 者：出席議員の過半数
（自治法178条２項）

長の失職

失職する日：不信任議決の通知を受けた日
（自治法178条２項）

押さえておこう

●不信任議決の手続

不信任議決は、議会が長を失職させる効果をもつものであるため、提案権は議員のみで、長にはありません。また、不信任議決には議員数の３分の２以上が出席し、その４分の３以上の同意が必要です。

●議会を解散した場合

不信任議決後、長が議会を解散した場合、解散後初めて招集された議会において、議員数の３分の２以上が出席し、過半数の同意で再び不信任の議決があったときには長は失職します。

●自主解散

地方公共団体の議会の解散に関する特例法に基づき、議会自らが解散できる権限です。議会に不祥事があった場合などに使われます。議員数の４分の３以上の者が出席し、その５分の４以上の者の同意が必要です。発案権は議員だけで、長にはありません。

会議のしくみと原則

3-1 定例会

［関係条文］自治法102条、102条の2

定例会の流れ

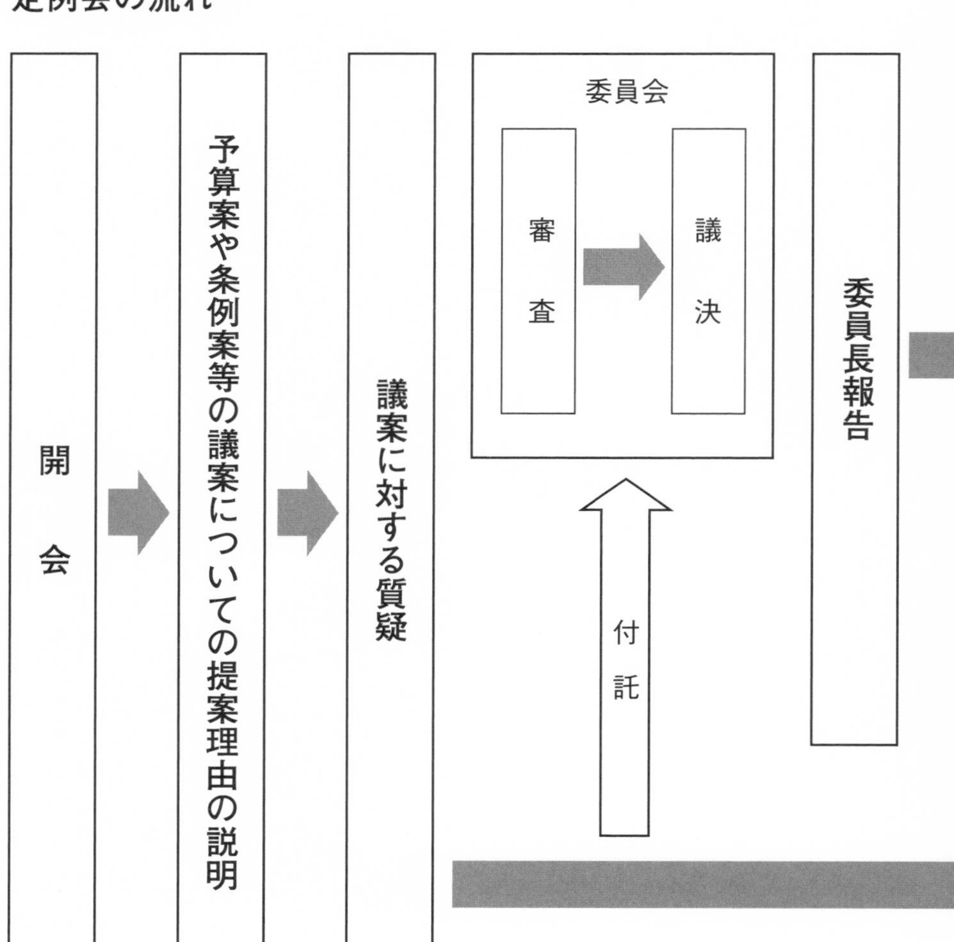

○議会にはいろいろな協議の場があるが、その中心となるのが定例会である。
○付議事件の有無にかかわらず、定期的に長が招集し、広く行政全般について審議され、付議事件を告示する必要はない。
○定例会の回数に制約はなく、各地方公共団体が条例で定める。年４回実施する議会が多いが、定例会・臨時会を区分せず通年議会とすることもできる。

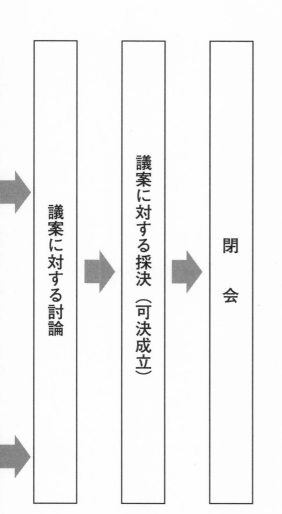

→ 議案に対する討論 → 議案に対する採決（可決成立） → 閉会

押さえておこう

●定例会の流れ

一般的に定例会は、次のような流れで実施されます。まず、本会議を開催し、議員から執行機関への一般質問などを行うとともに、各委員会に議案や請願陳情などの案件を付託します。委員会では、付託された議案や請願陳情などの審査を行います。そして、再び本会議を開催し、各案件の議決を行います。

●一般質問

議員が執行機関に対して、行政全般について見解を質すことを一般質問といいます。これは、各議会が定める会議規則で規定しています。一般質問をする場合は、議長にその要旨を文書で通告します。一般質問は、議会が執行機関に対してもつ監視機能の１つといえます。なお、一般質問は定例会でしか行うことができません。

●長の所信表明

所信表明とは、行政運営の基本的な考え方や主要な事業、予算などについて長が表明するものです。新年度予算案が提案される定例会などで行われます。

3-2 臨時会

［関係条文］自治法101条、102条

定例会と臨時会の違い

会議の種類	定例会	臨時会
招集権者	長（知事、市町村長）	長（知事、市町村長）
招集請求	不可能	可能
招集回数	条例に定めた回数	制限なし
告示期限	開会の日前 7日（都道府県、市）、3日（町村） ただし、緊急を要する場合はこの限りではない	開会の日前 7日（都道府県、市）、3日（町村） ただし、緊急を要する場合はこの限りではない
審議できる事件	あらかじめ付議された事件に限定されない	あらかじめ付議された事件。ただし、緊急を要する事件はこの限りでない

出典：廣瀬和彦著『地方議員ハンドブック』（ぎょうせい）

ポイント

○臨時会は定例会と異なり、必要がある場合に、特定の事件に限って審議するために招集される。
○その事件についてはあらかじめ告示する必要があるが、緊急を要する事件については、あらかじめ告示されていなくても会議に付議することができる。
臨時会を招集するのは定例会と同様に長だが、定例会と異なり、議会は長に対し臨時会の招集請求を行うことができる。

臨時会の招集請求

議長は、議会運営委員会の議決を経て、会議に付すべき事件を示して、長に対し臨時会の招集を請求することができます。また、議員定数の４分の１以上の者も、会議に付すべき事件を示して、臨時会の招集を請求することができます。

これは、議会が必要と認めるときに必ず臨時会が招集されることを担保するためで、請求があったときには長は20日以内に招集しなければなりません。

招集告示

議会の招集を行う場合、開会の日の一定の期日前に告示することになっています。しかし、緊急を要する場合はこの限りでなく、例えば、新型コロナウイルス感染症関連の議案を付議するなどの例があります。

押さえておこう

●臨時会の付議事件

実際の臨時会の付議事件としては、議長・副議長の選挙、委員会条例の改正など議会の構成に関するもののほか、災害対策や条例制定などがあります。

なお、告示を必要としない「緊急を要する事件」については、客観的に緊急性があると認められるものをいい、一次的には提案者が、二次的には議会が判断することとなります。

●議長の臨時会招集

平成22年、鹿児島県阿久根市では、議会側の臨時議会の招集請求に応じず、専決処分を乱発した異例の事態が起こりました。

こうした事態に対処するため、平成24年の自治法改正により、議長等の臨時会招集請求に対して長が招集しないときは、議長が臨時会を招集することができるようになりました。

3-3 委員会制度

［関係条文］自治法109条

本会議と委員会の違い

項目	本会議	委員会
招集権者	議員全員で構成	一般的に議員の一部で構成
構成	自治法115条に基づき 原則として公開	各地方公共団体の委員会条例 の規定により異なる。 公開する義務なし
活動期間	会期中のみ	会期中だけでなく、一定の 手続を経て閉会中も可能
議決要件	自治法により特別多数 議決の規定あり	過半数議決のみ

出典：廣瀬和彦著『地方議員ハンドブック』（ぎょうせい）

ポイント

○本会議は全議員によって構成されるが、すべての案件を審議するのは困難であるため、一般的に一部の議員で構成する委員会を組織し、審査・調査を行う。
○委員会制度により、多岐にわたる地方公共団体の事務について合理的・能率的に審議を行うことが可能となる。

委員会の権能

委員会は本会議の議決により審査を付託されますが、委員会での議決が本会議の議決になるとは限りません。

また、委員会には審査独立の原則があり、本会議や他の委員会等から制約や干渉を受けることなく、審査・調査を行うことが保障されています。ただし、例外として本会議で委員会に対し審査又は調査期限を付すことができます。

押さえておこう

●委員会の種類

委員会の種類として、常任委員会、議会運営委員会、特別委員会がありますが、いずれも必置の制度ではなく、設置しないこともできます。設置する場合は条例で定めます。

常任委員会は、その部門に属する事務の調査等を行います。また、議会運営委員会は議会の運営に関する事項等を審査し、特別委員会は特定の付議事件を審査します。

3-4 全員協議会

[関係条文] 自治法100条12項

全員協議会＝議員全員による協議の場

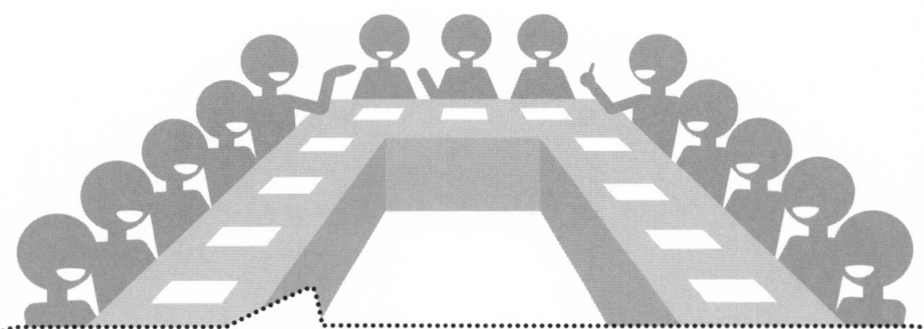

■全員協議会の案件例

全員協議会で何を議論するかは、自治体によって異なる

具体例としては……

○ 行政からの条例案、予算案、重要施策等の説明

○ 議会内の運営に関する事項

○ 議長が必要と認めた事項 など

■費用弁償等

全員協議会を自治法100条12項に基づくものとして位置付けた場合は、費用弁償の支給及び公務災害補償の対象となるが、議会内の申し合わせ等による設置の場合は、対象にならないとされている

○全員協議会とは、文字通り議員全員によって協議する場をいう。
○かつては法律の定めはなかったが、平成20年の自治法改正により、「協議又は調整を行うための場」として位置付けることも可能となった。
○執行機関が重要な案件をあらかじめ説明する場や、意見交換の場などとして活用されている。

全員協議会を開催する場合

○新しい条例の制定や、大幅な条例改正をするとき
○自治体の重要施策を定めるとき
○議会の運営方法の決定など、全議員の意見の統一が必要なとき

など

押さえておこう

●全員協議会の根拠規定

全員協議会の根拠規定は各自治体によって異なります。自治法100条12項の「議会は、会議規則の定めるところにより、議案の審査又は議会の運営に関し協議又は調整を行うための場を設けることができる」に基づき、会議規則で定める自治体もあります。

なお、標準町村議会会議規則には128条で全員協議会が規定されています。しかし、標準都道府県議会会議規則128条、標準市議会会議規則166条では、自治法の規定に基づく「協議等の場」を別表で示すこととしており、扱いが異なっています。また、自治体によっては規程や議会内の申し合わせで定めているところもあります。

●全員協議会の案件

上記のように全員協議会の位置付けは自治体によって異なるため、その案件についても自治体によって異なります。定例会前の案件説明や議会内の内部調整の場とすることもあります。

この全員協議会を非公開で実質的な協議の場としている場合もあり、本会議や委員会を形骸化させているとの指摘もあります。

3-5 幹事長会と会派

[関係条文] 自治法100条14項

会派の結成

主義・理念・政策の共有

幹事長会
（会派代表者会議）

○選挙後に会派を結成することになるが、一般的に、会派の人数が多いほど議会内の役職や質問時間などが有利になる

○ある政党の公認議員と、公認されていない議員が一緒に会派を結成することもある

○一般的に議長・副議長及び各会派の代表者により構成される

○議会運営委員会の所管に属するものを除くほか、議会活動に関する諸問題について各会派間の調整などを行う

○議会において政治上の主義、理念、政策を共有する議員が集まりグループを結成し、一般に会派結成届を出すことにより会派と認められる。
○会派＝政党となる場合もあるが、そうではない会派も多くある。
○会派の最高責任者は一般に幹事長と呼ばれ、議会内の実質的な協議の場として、各会派の幹事長による幹事長会が開催されることがある。

東京都議会の会派構成

（令和３年11月22日現在）

会派	人数
東京都議会自由民主党	33人
都民ファーストの会 東京都議団	31人
都議会公明党	23人
日本共産党東京都議会議員団	19人
東京都議会立憲民主党	15人
無所属（東京みらい）	1人
無所属（東京維新の会）	1人
無所属（地域政党 自由を守る会）	1人
無所属（グリーンな東京）	1人
無所属（都議会生活者ネットワーク）	1人
現員	126人
定数	127人

出典：東京都議会ホームページ

押さえておこう

●自治法における会派

会派については、自治法100条14項で「普通地方公共団体は、条例の定めるところにより、その議会の議員の調査研究その他の活動に資するため必要な経費の一部として、その議会における会派又は議員に対し、政務活動費を交付することができる」として規定されています。

●会派の実態

会派は一般に複数の議員によって結成されますが、一人の議員による、いわゆる「一人会派」もあります。

●幹事長会

幹事長会も一般的に使われる用語であり、法的なものではありません。全員協議会同様に、自治法100条12項の「議会は、会議規則の定めるところにより、議案の審査又は議会の運営に関し協議又は調整を行うための場を設けることができる」の１つとして位置付けることもできますし、規程や申し合わせなどで設置している場合もあります。なお、会派代表者会議などと呼ぶ場合もあります。

3-6 招集と定足数

[関係条文] 自治法101条1項

知事・市町村長

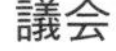

議会の定足数＝
議員の定数の
半数以上の出席

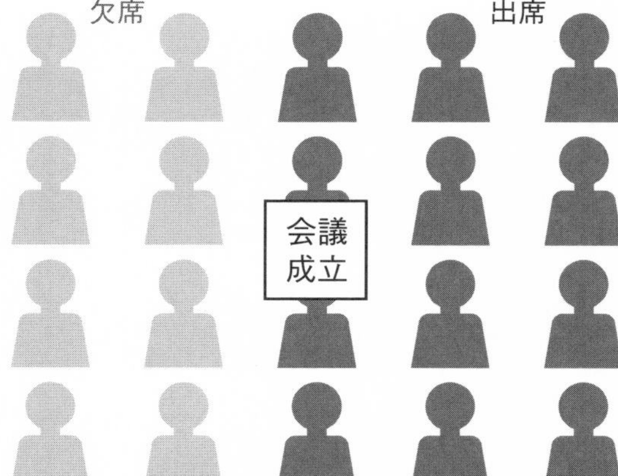

○定例会・臨時会とも議会を招集するのは首長である。
○国会は天皇の国事行為のため「召集」だが、地方議会では「招集」となる。
○自治法113条では、議員の定数の半数以上が出席しなければ、会議を開くことができないとしている。

定足数の例外

原則は、議員の定数の半数以上の議員が出席しなければ、会議を開くことができません。ただし、以下の例外があります。

①第117条の規定による除斥のため半数に達しないとき
②同一の事件につき再度招集してもなお半数に達しないとき
③招集に応じても出席議員が定数を欠き議長において出席を催告してもなお半数に達しないとき若しくは半数に達してもその後半数に達しなくなったとき

なお、除斥とは、議員は、自己・配偶者・二親等以内の親族の一身上に関する事件又は従事する業務に直接利害関係のある事件について、当該議事に参加できないことをいいます（4−9参照）。

押さえておこう

●招集の手続

招集は首長の権限です。ただし、議員定数の４分の１以上の請求があった場合や、議会運営委員会の議決を経て議長から請求があった場合には、首長は20日以内に臨時会を招集しなければなりません。また、招集の際には、緊急を要する場合を除き、都道府県と市については７日前、町村は３日前までに告示することが必要です。

●議長の臨時会招集

議長等の臨時会招集請求に対して長が招集しないときは、議長は臨時会を招集することができます。

3-7 会期

［関係条文］自治法102条、102条の2

ある議会の年間スケジュール

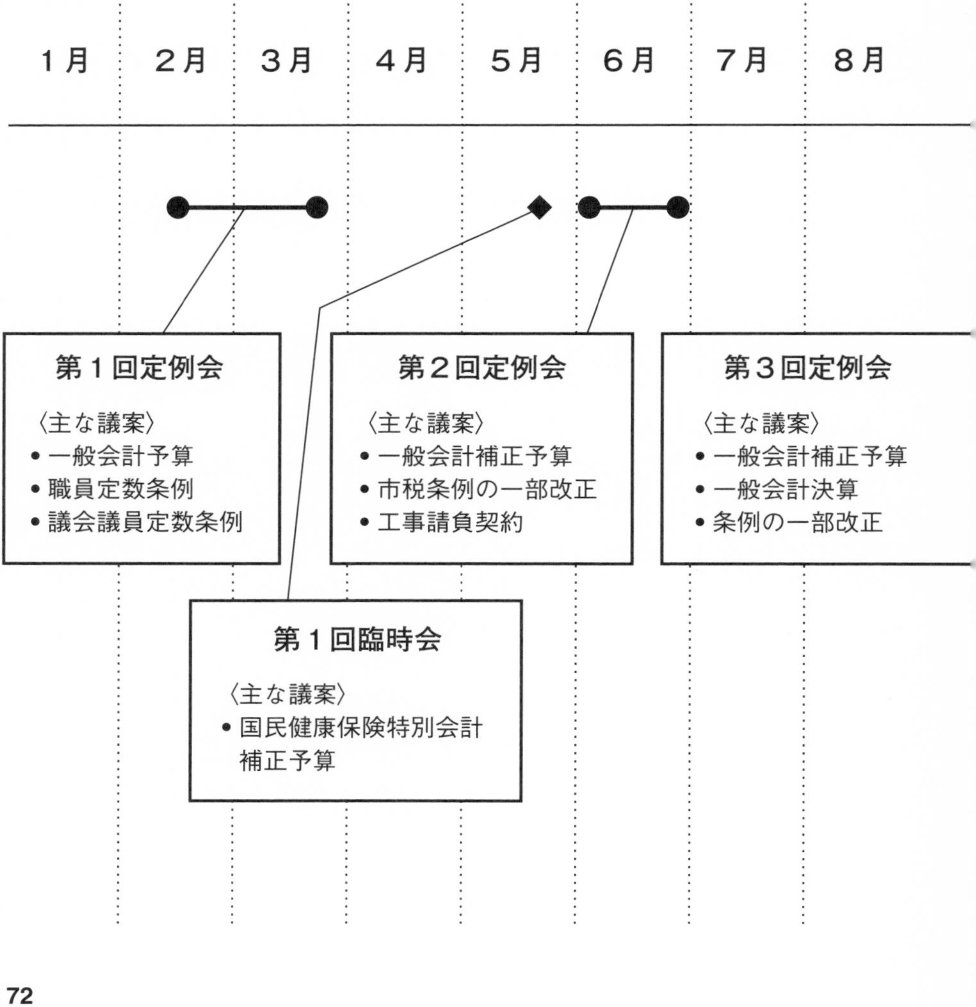

1月	2月	3月	4月	5月	6月	7月	8月

第1回定例会

〈主な議案〉
- 一般会計予算
- 職員定数条例
- 議会議員定数条例

第2回定例会

〈主な議案〉
- 一般会計補正予算
- 市税条例の一部改正
- 工事請負契約

第3回定例会

〈主な議案〉
- 一般会計補正予算
- 一般会計決算
- 条例の一部改正

第1回臨時会

〈主な議案〉
- 国民健康保険特別会計補正予算

○会期とは、開会から閉会までの議会が活動する期間をいい、議会が法律上の権限を行使することができる一定の期間をいう。
○会期は、毎会期の始めに議決により決定する。議長発議に基づくものが多いが、議員からの動議に基づいて議決することもできる。閉会中の議会活動は、閉会中の継続審査又は調査事件を有する委員会に限定される。

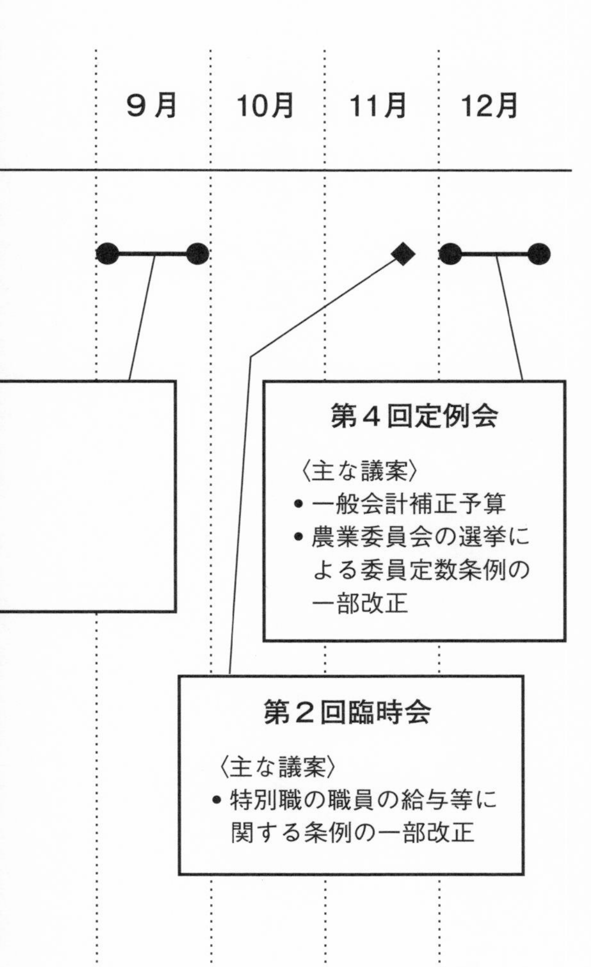

押さえておこう

●会期の延長

会期は延長することができます。会期の決定と同様、議長発議又は議員からの動議に基づいて議決することになります。会期の延長については、回数や日数についての制約はありません。

●休会

休会とは、議会が会期中に一時活動を休止することをいいます。具体的には、①日曜・休日など、②議会の議決によるもの、③自然休会によるものがあります。

●散会

散会とは、予定していた議事日程をすべて終了し、その日の会議を閉じることをいいます。議長の宣告によって、その日の会議が終わります。定例会や臨時会を終了する場合の閉会とは異なります。

●延会

延会とは、議事日程に掲げた事件の議事が終わらない場合に、議長発議又は動議によって、終了していない事件を翌日以降に繰り越すことにより、その日の議事を終了することをいいます。

3-8 議席

［関係条文］標準会議規則

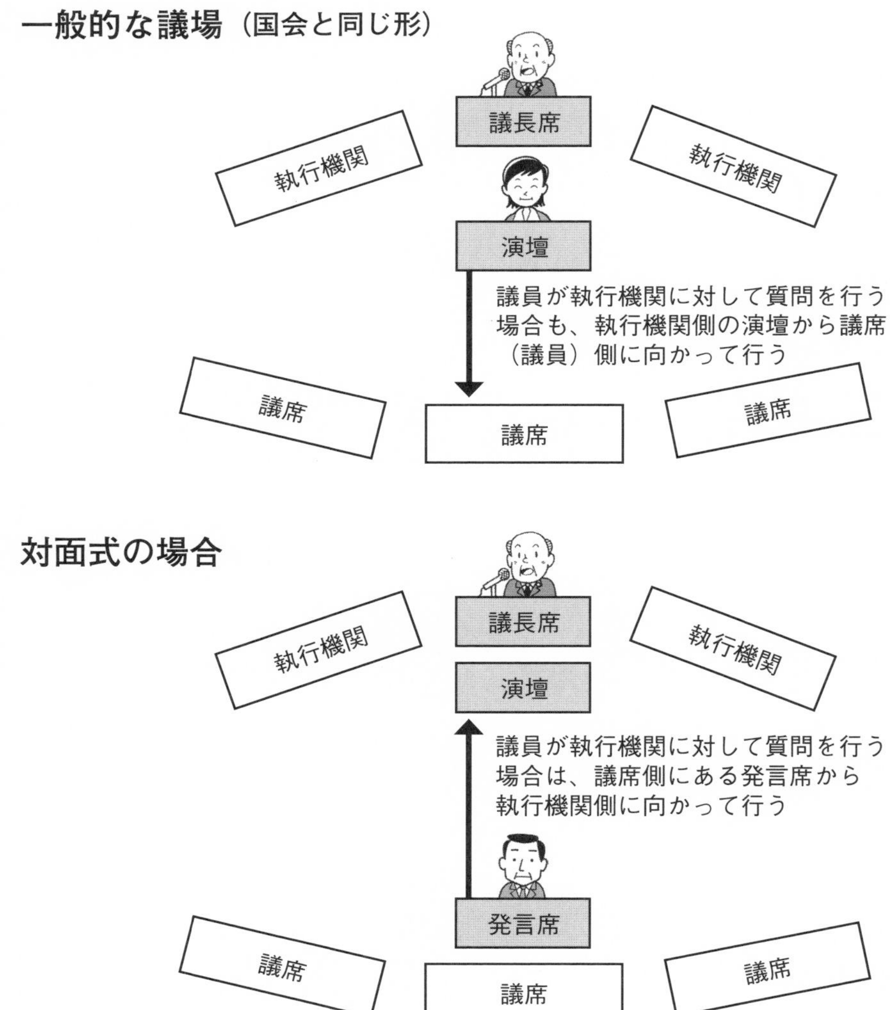
一般的な議場（国会と同じ形）
議長席
執行機関
執行機関
演壇
議員が執行機関に対して質問を行う場合も、執行機関側の演壇から議席（議員）側に向かって行う
議席
議席
議席
対面式の場合
議長席
執行機関
執行機関
演壇
議員が執行機関に対して質問を行う場合は、議席側にある発言席から執行機関側に向かって行う
発言席
議席
議席
議席

○議席とは、本会議場で議員が着席を義務付けられた場所で、一般選挙後の最初の議会において議長が定める。
○議席には番号及び氏名票が付される。
○補欠選挙により議員になった場合でも、同様に議長が定める。
○事情により議席を変更する場合も、議長発議によって行われる。

円形の場合

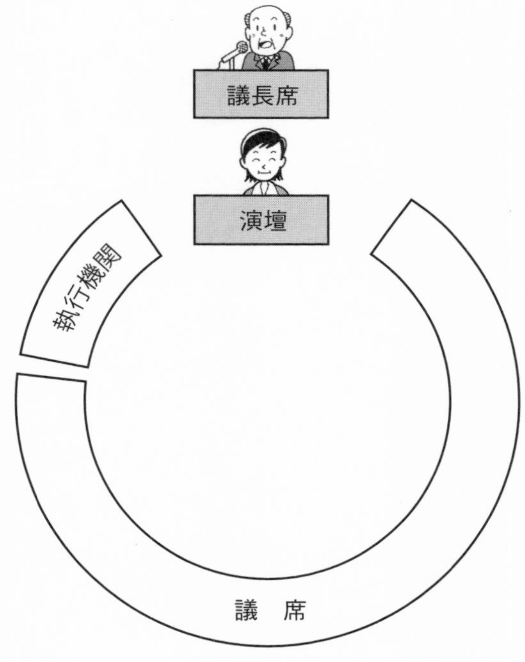

押さえておこう

●議席と議場

多くの地方議会の議場は、国会と同様の形となっています。それは、執行機関と議員が向き合い、執行機関の中央に議長席と演壇が配置されている形です。

実際に本会議では議員同士で議論を行うということは少なく、議員が質問し、執行機関がそれに答えるというケースがほとんどです。このため、最近では議会改革の一環として、議員同士が対面する形や円形、コの字形などの議席にする自治体もあります。

●議席の位置

国会と同様の形となっている議場では、一般的に期数の少ない議員は前方（執行機関に近い方）に座り、期数の多い議員は後方（執行機関から遠い方）に座ります。

また、同じ会派は、執行機関に向かって概ね同じ縦方向に並びます。

3-9 会議公開の原則

［関係条文］自治法115条

○「会議公開の原則」は、自治法１１５条において「普通地方公共団体の議会の会議は、これを公開する」と規定されている。
○一般に公開とは、①傍聴の自由、②報道の自由、③会議録の公開を示す。ただし、公開は本会議だけで委員会は含まれず、委員会の公開は各議会で決定する。

普通地方公共団体の議会の会議は、これを公開する（自治法115条）

① 傍 聴 の 自 由

② 報 道 の 自 由

③ 会議録の公開

押さえておこう

●**秘密会**

会議公開の原則の例外として、秘密会があります。これは、人の名誉のためなど審議を秘密にする必要があるときに、例外として行われるものです。議長又は議員３人以上の発議により、出席議員の３分の２以上の多数で議決したときは、秘密会を開くことができるとされています（自治法115条）。

●**傍聴の自由**

住民などが会議の状況を直接見聞きできるよう、議場には傍聴席が設けられています。ただし、会議の進行を妨害するような場合には、議長は制止したり、退場させたりすることができます。また、最近では本会議や委員会の様子をインターネット中継したり、ホームページから動画を見られるようにしている議会もあります。

●**会議録**

会議録とは、会議の次第をありのまま記録したものであり、自治法123条に議長は事務局長等に会議録を作成させると規定されています。この会議録についても、各議会のホームページで見られることが多くなっています。

3-10 会期不継続の原則

［関係条文］自治法119条

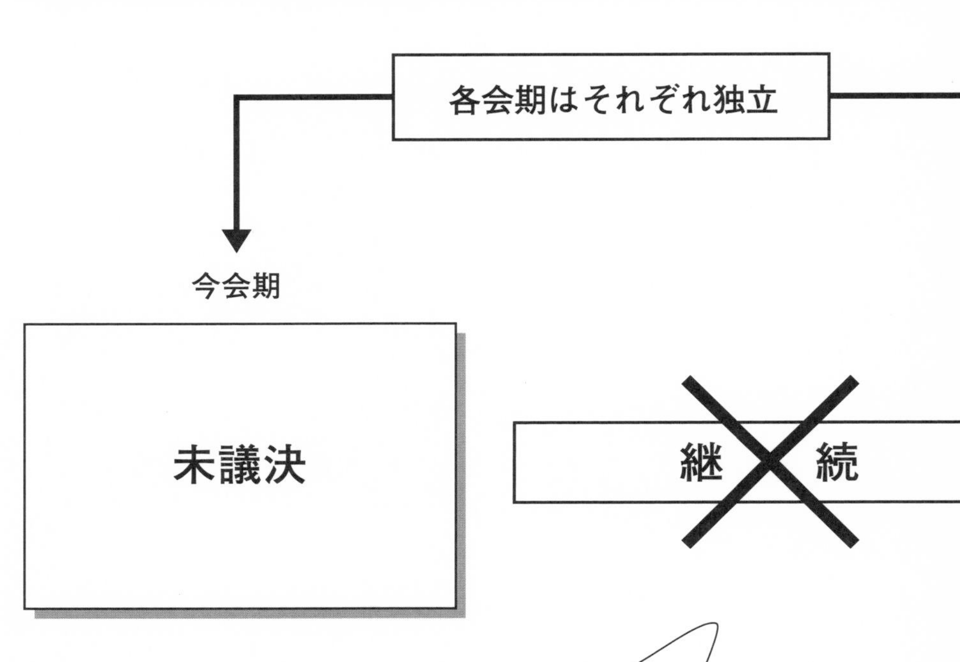

○前後の会期とは関係なく、未議決の事件は会期終了とともに審議未了のまま廃案となる
○審議するためには、改めて再提出しなければならない

○議会は、会期ごとに独立の存在として活動するものであり、1つの会期とその後の会期に継続性はないことを「会期不継続の原則」という。
○このため、前の会期で議決に至らなかった事件は、会期終了とともに消滅し、後の会期に継続しない（自治法119条）。
○ただし、この例外として委員会における閉会中の継続審査がある。

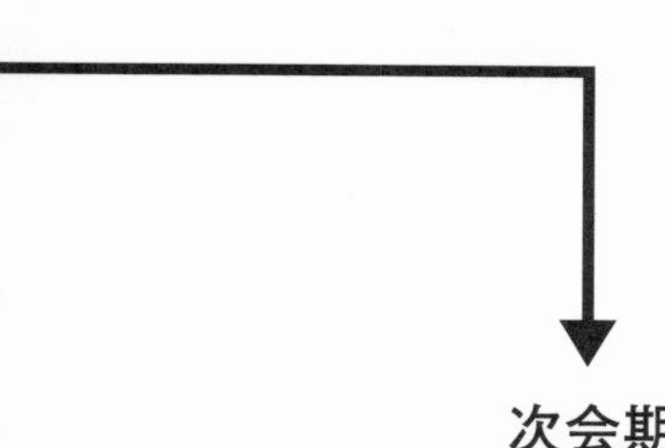

次会期

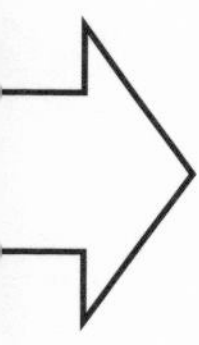

最初から審議

押さえておこう

●議案の取扱い

前の会期で成立しなかった議案を、次の会期で再提案することはできます。また、審議未了の議案については、提案されなかったと同様、議案としての効果は一切消滅します。

●閉会中の継続審査

閉会中の継続審査とは、本会議の議決により、当該会期中に議決に至らなかった事件について、閉会中も委員会で引き続き審査することをいいます。自治法109条8項に「委員会は、議会の議決により付議された特定の事件については、閉会中も、なお、これを審査することができる」と規定されています。この場合、委員会には常任委員会、議会運営委員会、特別委員会のいずれもが含まれます。

3-11 一事不再議の原則

［関係条文］標準会議規則

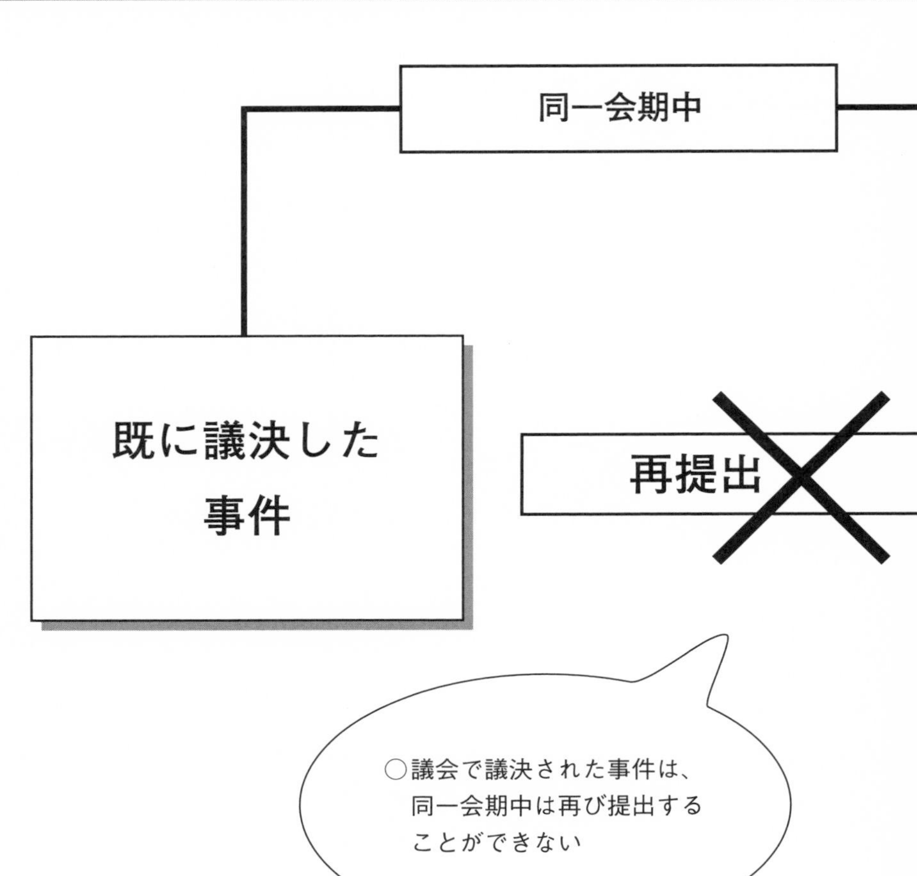
同一会期中
既に議決した
事件
再提出
○議会で議決された事件は、
同一会期中は再び提出する
ことができない

ポイント

○「一事不再議の原則」とは、議会が一度議決した事件については、同じ会期中には審議しないことをいう。
○これは、①会議が非能率となることを防ぐ、②同一事件議決後にそれを否決されると朝令暮改となる、③議会の最終的な意思が会期終了まで確定されない、④議会として２つの意思が存在することになるといった点から認められている。

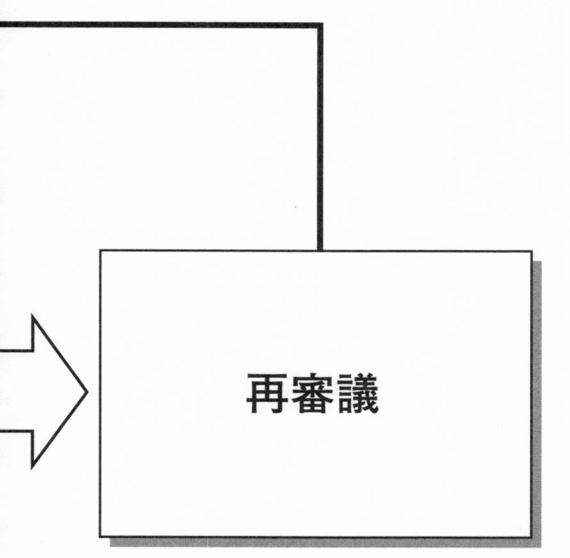

押さえておこう

●一事不再議の原則の根拠

一事不再議の原則は、自治法などの法令ではなく、会議規則の中で「議会で議決された事件については、同一会期中は再び提出することができない」（標準市議会会議規則15条）のように規定されています。

●一事不再議の原則の例外

この原則の例外としては、再議（自治法176条）の他、事情変更の原則、委員会の再付託があります。事情変更の原則は、前の議案を審議したときと異なる状況が発生し、それが実情にそぐわないときに妥当性を確保するために認められているものです。

また、委員会の再付託とは、「委員会の審査又は調査を経て報告された事件について、なお審査又は調査の必要があると認めるときは、議会は、更にその事件を同一の委員会又は他の委員会に付託することができる」というものです（標準市議会会議規則46条）。

会議の議事運営

4-1 議事日程

［関係条文］標準会議規則

議事調第1041号
令和３年８月23日

議　員
　　　　　　　　様

東西市議会議長
山 田 太 郎

議事日程について（通知）

８月25日招集された令和３年第３回市議会（定例会）の議事日程を次のとおり通知します。

記

一、開議の日時　８月25日（水）午後１時
１、会議に付すべき事件

日程第一	会期決定について	
日程第二	議案第62号	令和２年東西市一般会計歳入歳出決算の認定について
	議案第63号	令和２年東西市都市開発基金特別会計歳入歳出決算の認定について
	議案第85号	東西市手数料条例の一部を改正する条例
	議案第86号	東西市下水道条例の一部を改正する条例
	報告第14号	令和２年度健全化判断比率の報告について
	報告第15号	本市の出資に係る法人の決算について

ポイント

○議事日程とは、議会においてその日の会議で処理する案件を順番に記載したものをいう。いわば議事の進行表であり、議事を整理する権限をもつ議長が作成する。
○原則として、文書で作成し、あらかじめ議員に配布することとされており、「開議の日時」「会議に付する事件及びその順序等」などが記載される。

議案審議の流れ

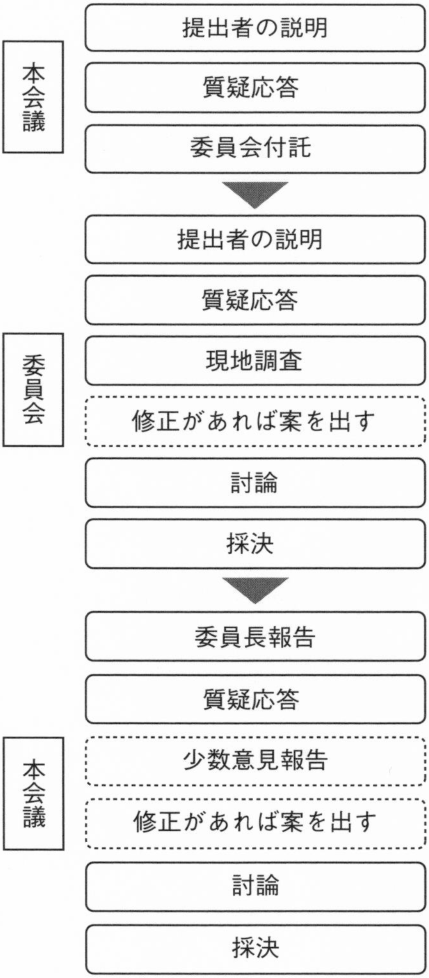

本会議
- 提出者の説明
- 質疑応答
- 委員会付託

▼

委員会
- 提出者の説明
- 質疑応答
- 現地調査
- 修正があれば案を出す
- 討論
- 採決

▼

本会議
- 委員長報告
- 質疑応答
- 少数意見報告
- 修正があれば案を出す
- 討論
- 採決

押さえておこう

●議案等の審議過程

通常、議案等の審議過程は、次のような流れになります。まず、本会議で議案を提出した執行機関が説明した後、質疑が行われ、その後その議案を委員会に付託します。委員会でも同様に、執行機関からの説明、質疑、討論、採決が行われます。委員長は委員会の報告書を作成します。次に、また本会議の中で委員長報告が行われ、質疑、討論、採決が行われます。

●質疑

質疑とは、議題となった案件についての疑問点を提出者に聞くことをいいます。条例案が執行機関から提出されれば、疑義を質すため議員が執行機関に聞くことをいいます。これに対して、議員が執行機関に対して、行政全般について見解を質すことを一般質問と言います。

●議事日程の変更等

通常は、議事日程に記載された順序で会議を運営するのが原則ですが、議長発議又は議員からの動議により、議事日程を変更したり、他の事件を追加したりすることもあります。

4-2 議案

［関係条文］自治法109条6項、112条、149条1号等

1.団体意思の決定に関する議案

○議会の議決がそのまま地方公共団体の意思として成立するような内容の議案

○典型的なものとして、条例制定についての議案など

○基本的には首長と議員のどちら側からも提出できる

2.機関意思の決定に関する議案

○地方公共団体に置かれた機関の1つである「議会」としての意思決定にとどまる内容の議案

○典型的なものとして、意見書の提出、議員の懲罰、会議規則の制定など

○議員のみが提出できる

○議案とは、議会の議決を経るために、長、議員、委員会が議長に提出する案件のことをいう。
○議案は、①団体意思の決定に関する議案（条例、予算等）、②機関意思の決定に関する議案（決議、意見書等）、③長の事務の前提になる議案（人事案件等）の３つに区分され、議員が提出できる議案は、①と②に限られる。

3.執行機関が事務執行の前提として提案する議案

○法律に「市長は、議会の議決を経て～する」とあるようなもの、「副市長の選任について」「～○○契約の締結について」など

○首長のみが提出することができる

押さえておこう

●議員提出議案

議員は、定数の12分の１以上の賛成があれば、予算を除き議案を提出することができます（自治法112条)。また､委員会としても、やはり予算を除きその部門に属する事務につき議案を提出することができます（109条６項)。

この他、議員の資格について疑義をもつ議員が、議員の資格決定を議会に求める場合には、１人で提出できます（標準会議規則)。また、議員の懲罰に関する動議については、議員の定数の８分の1以上の発議が求められます（自治法135条２項)。

4-3 請願・陳情

［関係条文］自治法124条、125条

請願の流れ

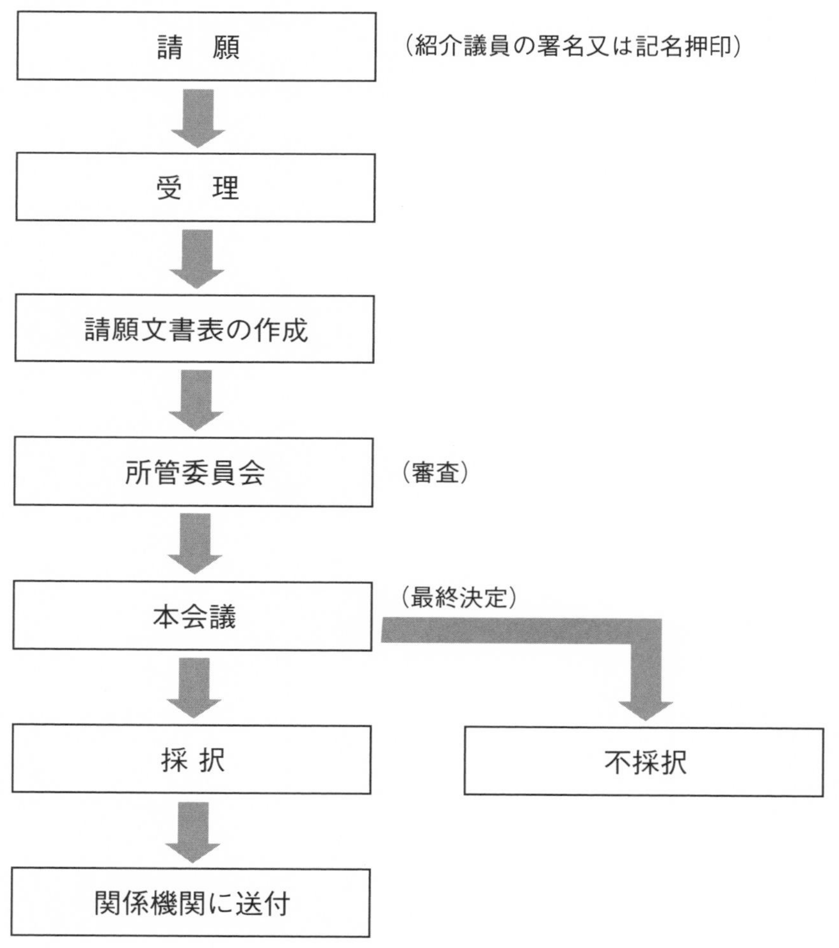

○請願とは、国民が国や地方公共団体に対し一定の希望を述べることをいう。
○請願を提出できる者は、当該団体の住民であることは必要でなく、日本国民だけでなく、外国人、法人でも構わない。ただし、議会と地方公共団体の機関は提出することはできない。
○請願を提出するには議員の紹介が必要だが、陳情には必要ない。

請願書の様式（例）

○○に関する請願書

紹介議員
（署名又は記名押印）

○○に関する請願

1．要旨
（請願内容）
（請願項目を箇条書で記載）

2．理由

令和○年○月○日

東西市議会議長殿

住所
氏名 ※署名又は記名押印

押さえておこう

●請願の提出と審議

請願者は、邦文を用いて、請願の要旨、理由、提出年月日、請願者の住所・氏名（法人の場合は名称及び代表者氏名）を記載し、押印します。また、請願書の表紙に紹介議員が署名又は記名押印をします。そして、平穏に請願書を提出することとされています。

請願書が提出されると、議長は請願文書表を作成し、議員に配布します。一般には、委員会に付託しますが、議長が付託する必要がないと判断したときは、委員会に付託しないことができます。委員会での審査の後、本会議で採択等を決定します。

●採択された請願

採択された請願の中で、長などで措置することが適当と判断したものについては、議会は当該執行機関に採択された請願を送付します。その後、当該執行機関に対して処理の経過及び結果の報告を請求することができます（自治法125条）。

4-4 意見書

［関係条文］自治法99条

選択的夫婦別姓制度に係る国会審議の推進に関する意見書

国の法制審議会は、平成8年に婚姻制度等の見直しを行い、民法の一部を改正する法律案要綱を答申し、選択的夫婦別姓制度の導入を提言した。

また、最高裁判所は平成27年12月、民法の夫婦同姓規定を合憲とする一方で、「制度の在り方は、国会で論ぜられ、判断されるべき事柄」と指摘した。

（中略）

この間、都は女性の活躍を推進するため、男女が共に働きやすい職場づくりなどに向けた各種対策を進めており、東京都議会でも、令和元年第2回定例会において、「選択的夫婦別姓制度の法制化を求める意見書の提出に関する請願」が採択された。

現在、国において、選択的夫婦別姓をめぐる議論が活発に行われている。この機を捉え、国の基本である戸籍制度を堅持しつつ、選択的夫婦別姓制度に関し、その意義や必要性並びに家族生活及び社会生活への影響について、社会に開かれた形で議論を進めていく必要がある。

よって、東京都議会は、国会及び政府に対し、選択的夫婦別姓制度に係る国会審議を推進するよう強く要請する。

以上、地方自治法第99条の規定により意見書を提出する。

令和3年6月7日

東京都議会議長　石川良一

衆議院議長　参議院議長　内閣総理大臣　総務大臣　法務大臣　宛て

○議会は、当該団体の公益に関する事件について、意見書を国会又は関係行政庁に提出することができる（自治法99条）。
○公益に関する事件についての基準はなく、地方公共団体の事務に属するものに限らず、地方公共団体の公益に関係するすべての事項に及ぶため、具体的な内容については各議会において判断する。

意見書の提出先

「国会又は関係行政庁」とされており、関係行政庁は国・地方の機関を問わず、意見書の内容について関係のある行政機関を指します。行政庁のため裁判所等は含みません。

押さえておこう

●意見書提出の手続

意見書は、議会が機関として意思決定する議案であるため、提出権は議員のみにあり、長には提出権はありません。

提出された意見書案は、議員の半数以上が出席した会議において議決されれば、確定します。そして、議長名により国会や関係行政庁に提出されます。

なお、意見書の提出を受けた国会や関係行政庁には、意見書を受理する義務はありますが、意見書に対して回答するなどの義務はありません。また、意見書に法的に拘束されることもありません。

4-5 議事の表決

［関係条文］自治法116条等

特別多数議決の一覧

要　件	権限事項
出席議員の３分の２以上の者の同意	事務所の設置又は変更の条例
	議会の秘密会の開会
	議員の資格決定
	条例の制定改廃又は予算に関する議決について再議に付した場合
	条例で定める特に重要な施設を廃止し又は長期かつ独占的に利用する場合
議員の３分の２以上の者が出席し、その４分の３以上の者の同意	主要職員の解職の同意
	議員の除名同意
	長の不信任の同意
議員数の４分の３以上の者が出席し、その５分の４以上の者の同意	議会の自主解散の同意

○表決とは、各議員が賛成または反対の意思表示を行うことをいう。議長が表決をとることを採決といい、採決の結果が議決である。
○表決には、「起立表決」「簡易表決」「投票表決」の３種類があり、原則として出席議員の過半数をもって案件の可否が決定される（自治法116条）。
○重要な案件の場合は過半数よりも多くの同意が必要となる（特別多数議決）。

根拠条項
自治法４条３項
自治法115条１項
自治法127条１項
自治法176条３項
自治法244条の２第２項
自治法87条１項
自治法135条３項
自治法178条３項
地方公共団体の議会の解散に関する特例法２条２項

押さえておこう

●議長の裁決権

過半数議決の場合は、議長は出席議員に含まれず、このため表決権がありません。しかし、賛成と反対が同数の場合は、議長が可決・否決を決めることができます。これを議長の裁決権といいます。

●特別多数議決

特に重要な案件の場合は、過半数よりも多くの同意が必要とされます。このように、特別の定めのある議決を特別多数議決といいます。なお、この場合、議長は出席議員に含まれるため、表決権があります。

●表決の決め方

最も一般的な表決の方法は「起立表決」ですが、出席者全員が賛成する見込みの場合には、議長が異議の有無を図り、異議がないときに可決を宣告する「簡易表決」が行われます。

「投票表決」は議員が賛成又は反対の票を投じる方法ですが、起立表決では認定が難しい場合や、起立表決の結果について出席議員から一定数の異議があるときなどに用いられます。

なお、投票表決には記名と無記名の２つの方法があります。

4-6 質疑・質問

［関係条文］標準会議規則

質　疑

○現に議題となっている事件について提出者（執行機関）に疑義（不明点や疑問点）を質すこと
○自己の意見を述べることはできない

質　問

○当該地方公共団体の行政全般について、疑問点等を質し、問うこと
○自己の意見を述べ、それについての所見を執行機関に質すことができる
○執行機関の政治姿勢、責任を明らかにすることで、政策の変更や新しい政策の実現につなげる

一般質問

○定例会のみで行われ、臨時会では行われない
○多くの場合、会期の始めに行われる
○質問の内容・骨子・要点等を事前に通告する

緊急質問

○想定していない事態が発生し、その事態が当該地方公共団体において緊急を要する重要事態である場合に、議会の同意を得て認められる
○定例会・臨時会のどちらでも行うことができる
○事前通告の必要はなく、文書または口頭で議長に申し出る

○質疑とは、議題となった事件について疑問点を提出者に聞くことをいう。
○一般質問とは、定例会において議員が執行機関に対して行政全般について見解を質すことをいう。
○緊急質問とは、定例会・臨時会において緊急性のある重要事態について質問することをいう。

質問・質疑の内容

質問や質疑の内容は多岐にわたります。地域への影響、住民感覚からの疑問、費用対効果、他自治体との比較など、さまざまな視点から質問・質疑がなされます。

押さえておこう

●一括質問一括回答方式

本会議における一般質問では、一括質問一括回答が中心となっています。これは、まず質問を行う議員が、指定された時間の中で、複数の項目についてまとめて質問を行います。次に、執行機関が複数の質問項目についてまとめて答弁を行うものです。

●一問一答方式

一問一答方式は、一括質問一括回答方式とは異なり、議員の1つの問いに対して執行機関が答え、議員がそれに対しまた質問を行い、執行機関がさらに答えるという方式です。内容が深まり、緊張感が増すといわれています。

4-7 討論

［関係条文］標準会議規則

討論＝それぞれの立場から賛否の理由を述べる

※討論の目的は、他の議員に自分の意見に同調してもらうことであるため、議員間で自由に意見を戦わせるわけではない

反対

賛成

私は、反対の立場から討論を行います。・・・・・・

私は、賛成の立場から討論を行います。・・・・・・

ポイント

○討論とは、議案等の採決を行うにあたり、賛否の理由を述べることをいう。
○委員会付託された議案等については、委員長報告、委員長報告に対する質疑の後に行われる。
○委員会付託されない場合は、委員会付託を省略する旨の議決を行った後に行われる。また、討論は同一議題について１回だけとする原則がある。

会議の流れ
（委員会付託された事件）

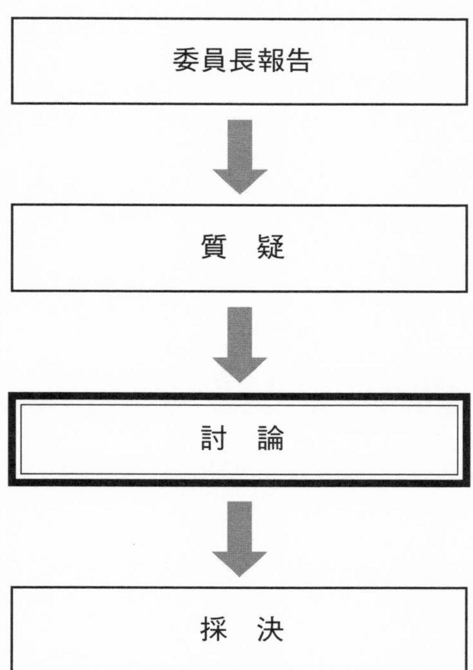

押さえておこう

●討論の進め方

討論は、反対者から行うことが会議規則に定められています。また、公平性を確保するため、反対・賛成の討論を交互に行います（討論交互の原則）。

委員会に付託された議案等については、委員長報告が原案可決の場合は、原案に反対する者から行い、原案否決の場合は、原案に賛成する者から行います。

委員会に付託されないものについては、修正案がないときは原案反対者から行い、修正案がある場合は、原案賛成者から行います。

なお、同一議題について、同一議員が討論を行うことができるのは１回だけです（討論一回の原則）。

●議長が討論を行う場合

議長が討論を行う場合は、議長職を副議長と交代して、議席に着き発言し、表決が終了するまで議長席に戻ることはできません。また、表決に参加し、賛否の意思表明をすることができます。

4-8 動議

[関係条文] 自治法115条の3

動議	会議の議事進行の過程において、 議員から提起される議案以外のもの

議事進行に関する動議

- 休憩、散会、延会、中止の動議
- 会期延長の動議

議案に関する動議

- 説明省略の動議
- 質疑、討論終結の動議
- 議案の修正に関する動議

組織・事件に関する動議

- 会期決定に関する動議
- 特別委員会の設置又は付託の動議
- 懲罰動議

○動議には、①議事進行に関する動議（本会議や委員会における会議の進行や手続に関するもの）、②議案に関する動議（議案の修正、討論の終結など）、③組織・事件に関する動議（特別委員会の設置や懲罰動議など）がある。
○動議を議題とするためには、自治法や会議規則で定める賛成者数が必要となる。

動議の方法

動議は口頭でも差し支えありませんが、重要なものは文書にすることが必要とされます。

また、条例案の修正の動議、懲罰の動議は必ず文書による案を備えなくてはなりません。

動議を提出します

または

押さえておこう

●動議の成立

議案の修正に関する動議については、自治法115条の３で「普通地方公共団体の議会が議案に対する修正の動議を議題とするに当たつては、議員の定数の12分の１以上の者の発議によらなければならない」とされています。また、議事進行、組織・事件に関する動議については会議規則の中で必要な賛成者数を規定しています。

●先決動議

先決動議とは、他の案件に先立って処理する動議です。具体的には、散会、休憩、懲罰動議などです。

●秘密会の動議

秘密会（人の名誉などのために審議を秘密にする）を開催する動議については、議長又は議員３人以上の発議が必要です。その後、出席議員の３分の２以上の多数で議決したときは、秘密会を開くことができるとされています。

4-9 除斥

[関係条文] 自治法117条

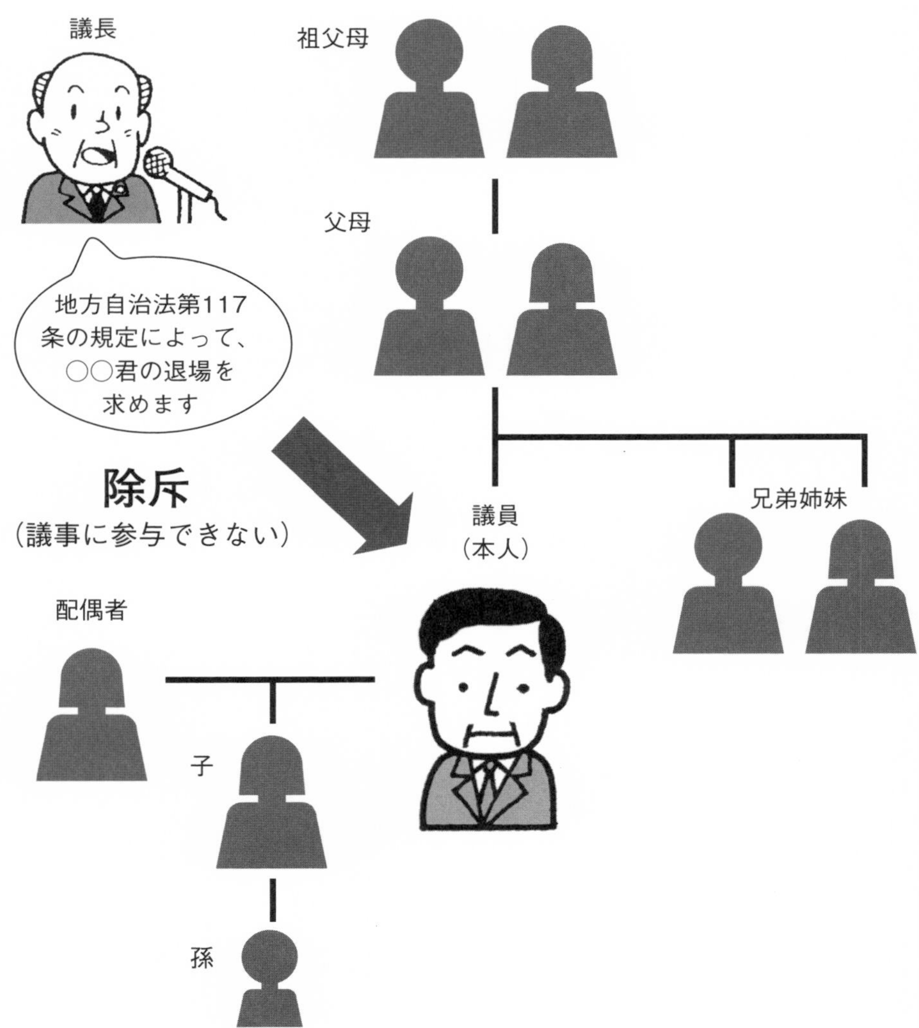

○議員は議事に平等に参加するのが原則だが、議員やその親族に直接利害関係のある事件については、公正な判断が困難となるため、その議員は議事に参加することができない。これを「除斥」という。
○除斥の対象は、自己若しくは父母、祖父母、配偶者、子、孫若しくは兄弟姉妹の一身上に関する事件又は自己若しくはこれらの者の従事する業務に直接の利害関係のある事件である。

自己、配偶者又は
血縁者（二親等内の血族）の

①一身上に関する事件
- 議長・副議長の辞職
- 議員の辞職
- 議長・副議長の不信任決議
- 議員の懲罰
- 議員の親族に対する訴えの提起

など

②従事する業務に直接の利害関係のある事件
- 議員の兄弟が理事を務める団体から提出された補助金交付に関する請願を審議する場合

など

押さえておこう

●除斥の例外

原則として、除斥となった議員は議事に参加することはできませんが、議会の同意があったときは、会議に出席し、発言することが認められています。実際には、一身上の弁明などがありますが、その後の表決などの審議に加わることはできません。

●除斥の実際

対象となる事件が議事になったときから、対象となる議員は除斥となります。議長が議題宣告を行い、退席を求め、議員は退席します。

4-10 紀律

［関係条文］ 自治法129条～133条

○自治法では、議会の秩序の維持と円滑な運営の確保のため、紀律を遵守することが定められており、議長には、議場の秩序保持権がある。
○紀律の内容としては、議場の秩序維持、傍聴人の取締、品位の保持がある。
○傍聴規則では、携行品の制限、議事妨害の禁止、飲食・喫煙の禁止などが規定されている。

品位の保持

自治法132条には、議員は、無礼の言葉を使用し、又は他人の私生活にわたる言論をしてはならないとされています。これは、議事に関係のない個人の問題を取り上げて議論してはならないことなどを意味しています。

押さえておこう

●議場の秩序保持

会議中、自治法又は会議規則に違反しその他議場の秩序を乱す議員があるときは、議長は、これを制止し、又は発言を取り消させ、その命令に従わないときは、その日の会議が終るまで発言を禁止し、又は議場の外に退去させることができます(自治法129条1項)。

●傍聴人の取締

傍聴人が公然と可否を表明し、又は騒ぎ立てる等会議を妨害するときは、議長は、これを制止し、その命令に従わないときは、これを退場させ、必要がある場合においては、これを当該警察官に引き渡すことができます（自治法130条1項)。また、傍聴席が騒がしいときは、議長は、すべての傍聴人を退場させることができます(自治法130条2項)。

4-11 懲罰

［関係条文］自治法134条～137条

懲罰の対象（事由）

①議場の秩序維持や品位の保持に反する言動を行った場合

②秘密会の議事を漏洩した場合

③本会議・委員会において他の議員を侮辱し、侮辱された議員が処分を求める場合

④議員が正当な理由なく招集に応じないため、又は正当な理由がなくて会議に欠席したため、議長が特に招状を発しても、なお故なく出席しない場合

など

懲罰の発議

①議員が発議する場合
→議員の定数の８分の１以上の者の発議によらなければならない（法135条２項）

②侮辱を受けた議員が発議する場合
→本人が議長あてに処分要求を行う（法135条２項の要件は必要なし）

③議長が発議する場合
→懲罰の対象④のみ、議長が発議できる

○議会は、自治法等に違反した議員に対し、議決により懲罰を科することができる。議会の懲罰は、議会の紀律と品位を保持するため、議会の秩序を乱した一定の行為に対して、議会の自律権に基づいて科する制裁である。
○懲罰には、公開の議場における戒告、公開の議場における陳謝、一定期間の出席停止、除名の４種類がある。

懲罰の種類

軽

公開の議場における戒告

公開の議場における陳謝

一定期間の出席停止

除名

重

押さえておこう

●懲罰の対象

懲罰の対象は、議会の活動としての言動であり、議会外の私的な場で行った言動については対象となりません。具体的には、①議場の秩序維持や品位の保持に反する言動を行った場合、②秘密会の議事を漏洩した場合、③本会議・委員会において他の議員を侮辱し、侮辱された議員が処分を求める場合、④議員が正当な理由なく招集に応じないため、又は正当な理由がなくて会議に欠席したため、議長が特に招状を発しても、なお故なく出席しない場合などです。

●懲罰の発議

懲罰の発議には、①議員の定数の８分の１以上の者による発議、②侮辱を受けた議員による処分要求の発議、③欠席議員に対する議長による発議があります。

なお、懲罰動議については必ず委員会に付託されますが、一般的には委員会条例に基づき懲罰特別委員会が設置されます。

●司法審査

除名および出席停止の懲罰の適否は司法審査の対象になります。

第5章

委員会制度

5-1 委員会とは

[関係条文] 自治法109条

本会議

議員全員で構成

委員会

一部の議員で構成

○本会議は議員全員をもって構成するが、すべての案件を本会議で審議することは困難であるため、一般的には議員の一部で構成する委員会を設置し、合理的・効率的に審議・調査を行う。
○委員会の設置は任意であり、必須ではない。
○委員会の種類には、常任委員会、特別委員会、議会運営委員会の３つがある。

常任委員会

一般的な地方公共団体の事務に関する審査

特別委員会

議会の議決により付議された事件に関する審査

議会運営委員会

議会の運営に関する事項の決定

押さえておこう

●委員会審査独立の原則

委員会は、付託された案件の審査等にあたっては、本会議や他の委員会等から制約・干渉を受けないことが保障されています。これを委員会審査独立の原則といいます。

なお、委員会は、議会の中に設けられる組織であり、議会が開会されている期間でなければ、活動することはできません。ただし、例外として、閉会中の継続調査・審査があります。

●本会議との相違点

本会議と委員会との相違点としては、委員会は、①一般的に議員の一部で構成、②法的には公開する義務はない（ただし、各議会で公開を規定している場合もある)、③必要な手続を経た上で、閉会中の審査も可能、④特別多数議決はなく過半数議決のみ、⑤対外代表権をもたないという点が本会議とは異なります。

●条例での規定

自治法では、委員会の種類などを規定していますが、委員の選任方法、在任期間等については条例で定めることとしています。

5-2 常任委員会

［関係条文］自治法109条2項

常任委員会の例

総務財政委員会

（市全体の計画や財政について）

市民教育委員会

（安全安心な暮らし・教育について）

経済環境委員会

（経済や環境について）

健康福祉委員会

（健康や福祉について）

都市整備建設委員会

（道路や公園・まちづくりについて）

○常任委員会は、基本的には執行機関の部署別または事項別に所管をもつ。そして、その所管に属する事務について、本会議から付託された議案等を審査し、自主的に調査する権限がある。
○条例により設置できる任意の機関であり、委員会の数、名称、定数、所管について法律上の制約はなく、各議会の条例で定める。

条例で定めた常任委員会の数

（令和２年12月31日現在）

区分	団体数	構成比
１委員会	6市	0.7%
２委員会	96市	11.8%
３委員会	377市	46.3%
４委員会	235市	28.8%
５委員会	76市	9.3%
６委員会	21市	2.6%
７委員会	3市	0.4%
８委員会	1市	0.1%
計	815市	100.0%

出典：全国市議会議長会
「令和３年度　市議会の活動に関する実態調査結果」
をもとに作成

押さえておこう

●常任委員

かつて、議員は１つの常任委員会の委員になるとされ、２つ以上の常任委員となることはできませんでした。しかし、現在は複数の委員会に所属することが可能となっています。委員は会期の初めに議会において選任し、その任期は議員としての任期となりますが、条例で任期に関して特別の定めをすることができます。

●事務調査権

常任委員会が当該所管事務に対して有する固有の調査権限で、常任委員会がもつ能動的・自主的な調査権です。この調査権の対象は、各議会の委員会条例で定められます。

●議案・陳情等の審査権

議案、陳情、請願、意見書等の審査を行う権限で、委員会の中心的な権限です。

5-3 議会運営委員会

［関係条文］自治法109条3項

①議会の運営に関する事項
②議会の会議規則、委員会に関する条例等に関する事項
③議長の諮問に関する事項

に関する調査を行い、議案、請願等を審査する

○議会運営委員会は、議会運営を円滑に行うため、また議長の諮問機関として、会派等の調整を行うことを目的としている。
○設置は任意だが、複数設置することはできない。
○定数は、委員会条例で定める。また、常任委員会や特別委員会と異なり、所管事項については自治法で定められている。

<議会運営委員会の所管事項>

①議会の運営に関する事項

- 会期及び会期延長の取扱い
- 会期中における会議日程
- 議事日程
- 議席の決定及び変更
- 発言の取扱い（発言順序、発言者、発言時間等）
- 説明員の出席の取扱い
- 委員会の構成の取扱い
- 議案の取扱い　など

②議会の会議規則、委員会に関する条例等に関する事項

- 会議規則、委員会条例の制定、改正
- 議会事務局、議会図書館設置条例の制定、改正
- その他規則、条例等これに類すると認められる事項　など

③議長の諮問に関する事項

- 議長の臨時会の招集請求
- 傍聴規則の制定、改正
- 常任委員会間の所管の調整
- 議員派遣に関する事項
- 全員協議会の運営規程について
- 慶弔等に関する事項
- その他議長が必要と認める事項　など

押さえておこう

●議会運営委員会の所管事項

議会運営委員会は、平成３年の法改正で法制化され、条例で設置できるようになりました。

自治法では、次の３つが議会運営委員会の所管事項として定められています。

①議会の運営に関する事項
②議会の会議規則、委員会に関する条例等に関する事項
③議長の諮問に関する事項

なお、任期は議員としての任期となりますが、条例で任期に関して特別の定めをすることができます。

また、平成18年の法改正により、議会運営委員会においても常任委員会と同様に、所管に関する事項について議案を提出することができるようになっています。

5-4 特別委員会

[関係条文] 自治法109条4項

特別委員会の例

○特別委員会は、議会の議決により付議された事件を審査する。
○委員会条例に特別委員会の設置規定を置き、議会の議決を経て個々の特別委員会を設置する。
○すべての行政の事務はいずれかの常任委員会に属するので、特別委員会を設置する場合は、その事務については常任委員会の所管から移譲される。

特別委員会の数

（令和２年1月1日～令和２年12月31日現在）

区分	団体数	構成比
０委員会	61市	7.5%
１委員会	107市	13.1%
２委員会	166市	20.4%
３委員会	134市	16.4%
４委員会	122市	15.0%
５委員会	92市	11.3%
６委員会	64市	7.9%
７委員会	17市	2.1%
８委員会	17市	2.1%
９委員会	19市	2.3%
10委員会	8市	1.0%
11委員会以上	8市	1.0%
計	815市	100.0%

出典：全国市議会議長会
「令和３年度　市議会の活動に関する実態調査結果」
をもとに作成

押さえておこう

●特別委員会の消滅

特別委員会が消滅するのは次の場合です。

①付議事件の審査又は調査終了
②付議事件の消滅
③会期の終了
④議員の任期満了
⑤議会の解散
⑥特別委員会の廃止議決

●特別委員会が自動的に設置される場合

委員会条例で、「議員の資格決定の要求又は懲罰の動議があったときは、資格審査特別委員会又は懲罰特別委員会が設置されたものとする」と定めている場合があります。この場合は、議会の議決を要することなく自動的に特別委員会が設置されます。

●予算審査特別委員会、決算審査特別委員会

特別委員会の中でも、予算審査特別委員会、決算審査特別委員会は、定例的に設置されるものです。新年度予算や決算については、広く行政全般について審議されるため、議長を除く全議員で構成される議会が多くなっています。

5-5 委員長

［関係条文］標準会議規則

委員長の主な職責・役割

1．議事整理権

議事整理権の具体例としては、議題の宣告、動議の表決順序の決定、発言の許可、発言時間の制限、表決問題の宣告、表決順序の決定などがあり、会議規則等で定められています。

2．秩序保持権

秩序保持権の具体例としては、言動制止命令と発言取消命令があります。前者は、秩序を乱す言動に対する制止命令、後者は、不穏当発言に対する発言取消命令となります。こうした命令に従わない委員に対しては、発言の禁止命令や、委員会室からの退場命令をすることもできます。

3．委員会報告書の提出

委員会は、事件の審査又は調査が終わったときは、報告書を作り、委員長が議長に提出しなくてはなりません。

4．委員会運営の調整

実務上、委員長が行政や議会事務局との調整を行う事項としては、委員会開催日や委員会視察日の決定、委員会における議題の選定、委員会の進行順序などがあります。

○委員長は、委員会の議事を整理し、秩序を保持する権限を有する者である。
○委員長は、各委員会に１人置き、委員会を代表するが、議長と異なり対外的な代表権はない。
○委員長の選任方法は自治法上には特に規定はなく、委員会において互選で決められるが、投票や指名推選が一般的である。

押さえておこう

●**委員長の任期**

委員長の任期については、特に自治法には規定がなく、条例で規定することになります。

常任委員及び議会運営委員は委員会条例で任期を規定します。特別委員会については、あくまで必要に応じて設置されるものですので、特別委員会に付議された事件の審議が続行している期間、委員長として在任することとなります。

●**副委員長**

副委員長は、委員長が病気等により委員長としての職務を行うことができない場合や、委員長の辞職や死亡等の場合に、委員長の職務を行います。副委員長には固有の権限はなく、あくまで委員長が事故又は欠けた場合に、副委員長名で委員長の権限を行使することができます。副委員長の選任、任期については委員長と同様です。

5-6 発言と秩序保持

［関係条文］標準委員会条例

発言の取扱い

発言を
許可します

委員長

発言の許可

発言の取消し・訂正

○委員が委員会で発言するときには、委員長の許可が必要とされる。これは委員長の議事整理権に基づくものである。
○円滑な議会運営を実現するために、委員長は秩序保持権を有する。

秩序保持権

委員長の秩序保持権の具体的な内容としては、①秩序を乱す言動に対する制止命令、②不穏当発言に対する発言取消命令があります。

委員長の秩序保持権に基づく命令に従わない委員に対しては、委員会が終了するまでの期間、①発言の禁止命令、②委員会室からの退場命令を出すことができます。

押さえておこう

●発言の取消し・訂正

委員は発言の取消し・訂正の申出を行うことができます。発言の取消しの申出を許可するか否かは委員会の議決により決定され、発言訂正の申出を許可するか否かは委員長の判断により決定します。

●委員外議員の発言

委員会は、審査又は調査中の事件について必要があると認めるときは、委員会の議決により、委員でない議員に対して委員会への出席を求めることができます。

5-7 委員会報告書

［関係条文］標準会議規則

委員会報告書の例

年　　月　　日

○○市議会議長　　　　　　殿

○○委員会
委員長　　　　　　印

委員会報告書

本委員会に付託された事件は、審査の結果、次のとおり決定しましたので、○○市議会会議規則第○条の規定により報告します。

記

事件の番号	件　　名	審査結果
議案第○号		※原案可決／原案否決／同意／承認／別紙のとおり修正議決（すべきもの）など事件ごとに記載

○委員会報告書とは、委員会に付託された案件の審査又は調査が終了した場合に、審査・調査の経過と結果を記載したものである。
○作成にあたっては、委員長が報告書案を作成し、委員会で議決を得る必要がある。しかし、委員会が委員長に報告書作成を一任することも可能である。

委員会報告書の内容

委員会は、事件の審査又は調査が終わったときは、報告書を作り、委員長から議長に提出しなければなりません（標準市議会会議規則110条）。

委員会報告書には、①事件番号、②件名、③議決結果、④少数意見等などが記載されます。

押さえておこう

●少数意見の留保

少数意見の留保とは、委員会の決定とは異なる意見のため廃棄された意見をいいます。標準市議会会議規則108条では、「委員は、委員会において少数で廃棄された意見で他に出席委員１人以上の賛成があるものは、これを少数意見として留保することができる」と規定されています。この目的は、本会議での議決にあたり、参考とすることにあります。

実際の委員会では、採決後、次の議題になるまでの間に、少数意見を留保する旨を述べ、出席委員１人以上の賛成を得ることが必要です。また、少数意見報告を本会議で行う場合は、少数意見報告書を作成し、委員会報告書が提出されるまでに、委員長を経て議長に提出する必要があります。

第6章

議員・議長・副議長

6-1 議員の地位

［関係条文］地公法３条３項１号等

議員＝住民の直接選挙で選ばれる住民全体の代表

- 特別職の公務員
- 「就任について公選又は地方公共団体の議会の選挙、議決若しくは同意によることを必要とする職」（地公法３条３項１号）

住民

直接選挙

議員

住民全体の代表として
議会を構成

○議員は、住民の選挙によって選ばれ、住民全体の代表として議会を構成する。
○議員の地位の本質は、議会活動を通じて住民の意思を地方公共団体に反映することにある。
○一方で、議員に対して、選挙違反、議会での野次、政務活動費の使途などの問題で、住民からは厳しい目が向けられている。

地方議員に禁止されていること

1．兼職禁止 ⇒ 6-4参照
2．兼業禁止 ⇒ 6-5参照
3．寄附禁止の概要
(1) 政治家の寄附禁止
政治家（候補者、候補者になろうとする者及び現に公職にある者）は、寄附をすると処罰されます。（公選法199条の２第１項・２項）
(2) 後援団体の寄附の禁止
後援団体が、花輪、香典、祝儀などを出すと処罰されます。（公選法199条の５第１項）
4．年賀状等のあいさつ状の禁止
政治家は、年賀状等のあいさつ状を出すことが禁じられています。（公選法147条の２）
5．あいさつを目的とする有料広告の禁止
政治家や後援会は、有料のあいさつ広告を出すと処罰されます。（公選法152条１項）

押さえておこう

●議員の兼業の状況

全国市議会議長会による「市議会議員の属性に関する調（令和３年７月集計）」によれば、議員専業（47.2％）が最も多く、次いで農業・林業（10.5％）、卸売・小売業（5.6％）、建設業（3.9％）、製造業（3.4%）、医療・福祉（2.5%）と続いています。

●女性議員

内閣府「男女共同参画白書（令和３年版）」によれば、都道府県議会、市議会、町村議会、特別区議会の女性議員の割合を見ると、令和２年12月現在で、女性議員の割合が最も高い特別区議会では30.2％、政令指定都市の市議会は20.4％、市議会全体は16.2％、都道府県議会は11.5％、町村議会は11.3％となっており、都市部で高く郡部で低い傾向にあります。

6-2 議員の選挙

［関係条文］自治法17条～19条、公選法9条～11条の2

選挙権（議員の選挙に参加する権利）

＜都道府県議会・市区町村議会議員の場合＞

①日本国民であること
②年齢が満18歳以上であること
③引き続いて3か月以上市区町村の区域内に住所を有すること
（公選法9条2項、自治法18条）
※禁錮以上の刑に処せられその執行を終わるまでの者などは選挙権を有することはできない
（公選法11条1項、252条）

被選挙権（選挙によって議員になりうる資格）

＜都道府県議会・市区町村議会議員の場合＞

①日本国民であること
②年齢が満25歳以上であること
③当該議会議員の選挙権を有すること
（公選法10条）
※禁錮以上の刑に処せられその執行を終わるまでの者などは選挙権を有することはできない
（公選法11条1項、11条の2、252条）

○議員の身分は選挙によって取得する。
○憲法で住民による直接選挙を規定し、自治法では選挙人の投票による選挙、選挙権、被選挙権についての基本的な規定を設けているほか、公選法にも具体的な規定がある。また、都道府県議会議員選挙は都道府県選挙管理委員会が、市区町村議会議員の選挙は市区町村選挙管理委員会が管理する。

選挙権・被選挙権を失う条件

①禁錮以上の刑に処せられその執行を終わるまでの者
②禁錮以上の刑に処せられその執行を受けることがなくなるまでの者（刑の執行猶予中の者を除く）
③公職にある間に犯した収賄罪により刑に処せられ、実刑期間経過後5年間（被選挙権は10年間）を経過しないもの。又は刑の執行猶予中の者
④選挙に関する犯罪で禁錮以上の刑に処せられ、その刑の執行猶予中の者
⑤公職選挙法等に定める選挙に関する犯罪により、選挙権、被選挙権が停止されている者
⑥政治資金規正法に定める犯罪により選挙権、被選挙権が停止されている者

押さえておこう

●被選挙権の資格年齢

被選挙権の資格年齢は、選挙期日（投票日）に達していればよいため、立候補の時点で所定の年齢に達している必要はありません。

●18歳選挙権

平成27年６月、選挙権年齢を18歳以上に引き下げる改正公選法が公布、平成28年６月に施行されました。

平成28年７月３日投票の福岡県うきは市長選が日本初の18歳選挙となりました。国政では、同年７月10日投票の第24回参議院議員選挙が初となりました。

6-3 議員の任期

［関係条文］自治法93条、公選法258条、市町村の合併の特例に関する法律9条

一般的な議員の任期

在任特例（新設合併の場合）

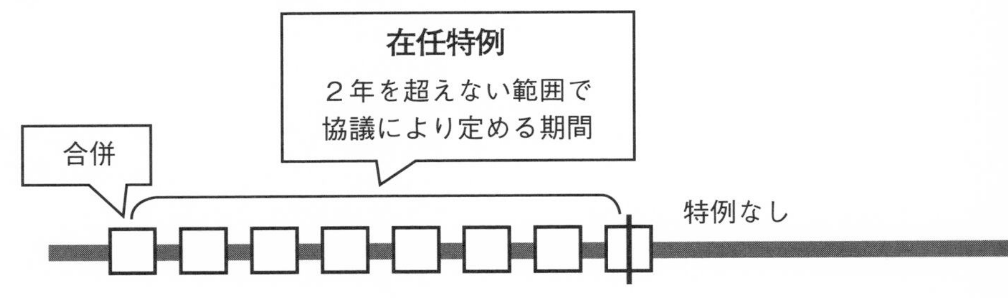

在任特例（編入合併の場合）

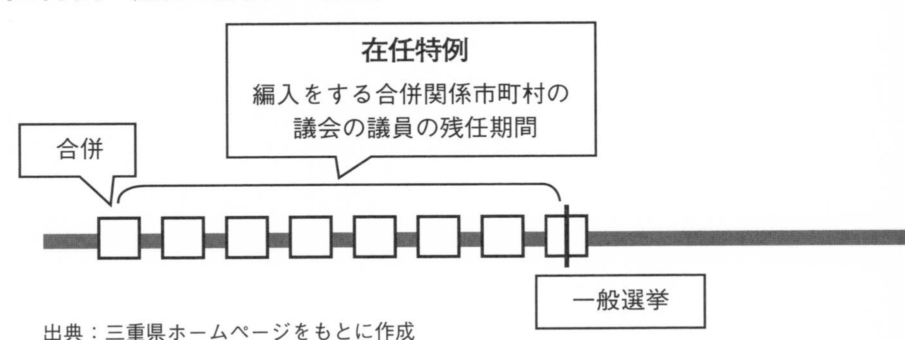

出典：三重県ホームページをもとに作成

○議員の任期は４年で、一般選挙の日から起算する。
○ただし、任期満了による一般選挙が任期満了前に行われた場合で、前任議員が任期満了の日まで在任したときは、その翌日から起算する。
○任期満了による一般選挙が任期満了前に行われた場合で、選挙の期日後に前任議員がすべてなくなったときは、その翌日から任期を起算する。

任期満了

一般選挙の行われた日を第１日として、それから起算して４年後の同じ日の前日

一般選挙

押さえておこう

●任期の特例

市町村の合併の特例に関する法律（令和４年施行）では、合併に伴う議員の定数及び任期について特例を定めています。

合併後の一定期間、新市町村の議会議員の定数を増加するか、又は合併関係市町村の議会議員が引き続き新市町村の議会議員として在任することができます。

①新設合併の場合

＜定数の特例＞

以前の合併特例法には特例の規定がありましたが､現在はありません。

＜在任の特例＞

合併関係市町村の議員が、２年を限度として在任可能となります。

②編入合併の場合

＜定数の特例＞

合併後の増員選挙及び次の一般選挙による議員の任期まで一定の範囲で定数増が可能となります。

＜在任の特例＞

編入される市町村の議員が、編入先の市町村の議員の任期まで在任可能となります。

6-4 議員の兼職禁止

［関係条文］自治法92条等

議員は、次に掲げる職を兼ねることはできない

○公務員が議員選挙の立候補者になった場合は、届出日に退職したものとされる
○議員が在職中に次の職に就く場合は、いずれかの職を辞する等の必要がある

衆議院議員又は参議院議員	
裁判官	
他の地方公共団体の議員	
普通地方公共団体の長	
選挙管理委員	
行政委員会関係	教育長、教育委員会の委員
	人事（公平）委員会の委員
	公安委員会の委員
	収用委員会の委員及び予備委員
	海区漁業調整委員会の委員
	内水面漁業管理委員会の委員
	固定資産評価審査委員会の委員
地方公共団体の常勤の職員、短時間勤務職員	
固定資産評価員	
外部監査人	
港務局の委員会の委員	

出典：総務省資料をもとに作成

○議員は、職務遂行に支障が生じるおそれがある場合など、一定の範囲について、他の職を兼ねることが禁止されている（議員の兼職禁止）。
○議員の兼職禁止は、職務に専念させること、権力分立などの観点から矛盾が生じること、公正性に疑義を生じるおそれがあることなどが背景にある。

	自治法92条１項
	裁判所法52条
	自治法92条２項
	自治法141条２項
	自治法182条７項
	地教行法６条
	地公法９条の２第９項
	警察法42条２項
	土地収用法52条４項
	漁業法140条（都道府県議会議員のみ）
	漁業法172条による同法140条の準用
	地方税法425条１項
	自治法92条２項
	地方税法406条１項
	自治法252条の28第３項７号
	港湾法17条１項

押さえておこう

●兼職禁止の範囲

兼職が禁止される範囲としては、第一に国会議員が挙げられます。これは、職務に専念させること、国の政争が地方に影響することを防止するなどの理由です。

第二に、他の地方公共団体の議会の議員があります。選挙権の住所要件があるため、実際には都道府県と市区町村の議員の兼職ですが、その理由も国会議員と同様です。ただし、一部事務組合は例外となっています。

第三に、地方公共団体の常勤・短時間勤務の職員です。これは、執行機関と議会との権力分立の関係等を理由としています。その他、教育委員会の委員、公安委員会の委員、人事委員会・公平委員会の委員、収用委員会の委員及び予備委員などがあります。

6-5 議員の兼業禁止

［関係条文］自治法92条の2

議員は、次に掲げる業に従事することができない

○議員在職中にこれらの業に従事していると、議会で出席議員３分の２以上の多数により決定した場合は失職する（自治法127条１項）

【請負の相手方】

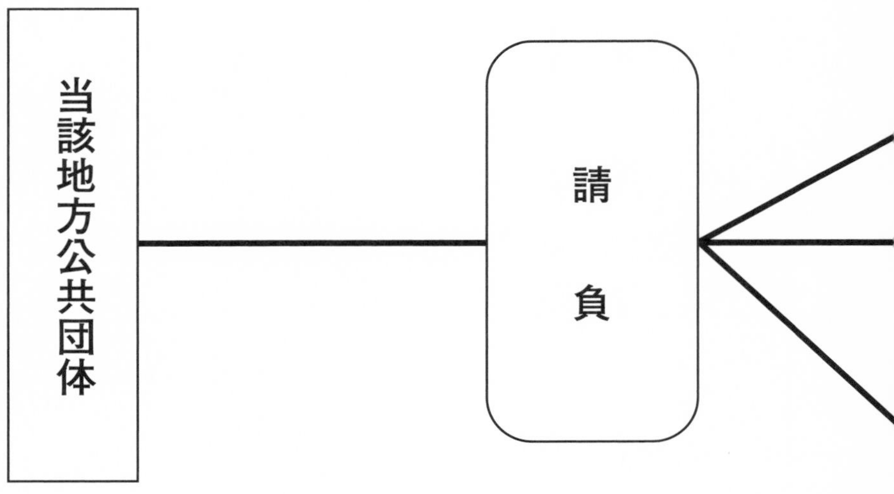

※当該地方公共団体に対する請負が、当該法人の業務の主要部分を占め、当該請負の重要度が長の職務執行の公正、適正を損なうおそれが類型的に高いと認められる程度に至っている場合の当該法人

出典：総務省資料をもとに作成

○議員の兼業禁止とは、議員は、所属する普通地方公共団体に対し請負をすること、また請負をする法人の役員等を兼ねることを禁止されていることをいう。
○請負とは、民法上に規定されたものだけでなく、経済的･営利的なものであって、広く業務として継続的に行われる取引を指す。不正が介入することを防ぎ、住民の疑惑や不信を招かないように兼業を禁止している。

【禁止される業】

請負人

請負人の支配人

主として同一の行為をする法人（※）の無限責任社員、取締役、執行役、監査役、これらに準ずべき者、支配人、清算人

押さえておこう

●兼業禁止の範囲

範囲は、①議員個人が所属する普通地方公共団体に対し請負をすること、②議員個人が所属する普通地方公共団体に対し請負をする者の支配人となること、③議員が所属する普通地方公共団体に対し主として同一の行為をする法人の無限責任社員、取締役、執行役若しくは監査役若しくはこれらに準ずべき者、支配人及び清算人に議員がなることとされています。

●兼業禁止の効果

兼業禁止規定に該当するときは、議員の職を失いますが、その判断は議会が行います（自治法127条）。ただし、兼業禁止に該当し、議員が職を失ったとしても、当該請負契約には影響はありません。

●請負

広く業務としてなされる経済的又は営利的な取引契約を含む一方、一定期間にわたる継続的な取引関係に立つものに限られます。法令等の規則があるため当事者が自由に内容を定めることができない取引契約や、継続性のない単なる一取引をなすに止まる取引契約は該当しません。

6-6 議員の身分得喪

[関係条文] 公選法102条、自治法93条1項、126条等

身分の発生

当選人の告示

※任期満了前の選挙の場合は、
前任議員の任期満了の日の翌日

任期満了

身分の喪失

①任期満了
②議員辞職
③死亡
④除名
⑤被選挙権の喪失
⑥兼職禁止規定への抵触
⑦兼業禁止規定への抵触
⑧選挙の無効又は当選の無効の確定
⑨住民による議員の解職請求
⑩住民による議会の解散請求
⑪不信任議決に基づく長による議会の解散
⑫議会の自主解散
⑬廃置分合による議会の消滅

○議員としての身分は、原則として当選人の告示が行われた日から発生する。
○仮に、選挙又は当選の効力に関する争訴の提起があっても、それが確定するまでは議員の身分は失われない。ただし、一般選挙が任期満了前に行われた場合には、その任期満了の日の翌日から議員の身分が発生するなどの例外もある。また、議員としての身分を失うのは、任期満了などの場合である。

仮に、選挙又は当選の効力に関する争訴の提起があっても、それが確定するまでは議員の身分は失われない

押さえておこう

●**辞職**

議員の辞職とは、議員自らの意思により、議員の身分を失うことをいいます。

議員は議会の許可を得て辞職することができますが、閉会中の場合は、議長の許可を得て辞職することができます。議会の許可が必要な理由は、議員の恣意によりみだりに辞職することを防ぐことにあります。

ただし、議会も正当な理由なく議員の辞職許可願を拒否することはできないとされています。

6-7 議員の権限

［関係条文］自治法101条、114条等

権限	内容
議会招集請求権	議会の招集は首長が行うが、議員定数の4分の１以上の議員から、会議に付すべき事件を示して臨時会の招集を請求できる
開議請求権	議員定数の半数以上の者から開議を請求することができる
議案提出権	予算を除く、団体意思を決定するもの ⇒議員定数の12分の１以上の賛成
	機関意思を決定するもの ⇒会議規則に定める一定数以上の者の賛成
動議提出権	団体意思を決定する議案に対する修正 ⇒議員定数の12分の1以上の者の発議
	機関意思を決定する議案に対する修正 ⇒会議規則に定める一定数以上の者の賛成
	懲罰の動議 ⇒議員定数の8分1以上の者の発議
発言権	議題になった事件等について、議長の許可を得て質疑・討論・質問・動議等の発言をすることができる
表決権	案件に対する賛成・反対の意思を表示できる
侮辱に対する処分請求権	本会議・委員会において他の議員から侮辱を受けた議員は、議会に訴えて懲罰に付すべきことを要求できる
請願紹介権	議会に対し、請願しようとするときは、議員の紹介を必要とし、議員は趣旨に賛同した場合、請願紹介議員となることができる

○議員の権限は、会議における権限と、会議外における権限に分かれる。
○会議における権限には、動議の提出権、発言権、表決権などがある。
○会議外における権限には、議会（臨時会）の招集請求権、開議請求権、議案提出権などがある。

根　拠　法
自治法101条３項
自治法114条１項
自治法112条２項
標準市議会会議規則14条１項
自治法115条の３
標準市議会会議規則17条
自治法135条２項
標準市議会会議規則50条
自治法133条
自治法124条

押さえておこう

●報酬を受け取る権限

左の表にある各種権限のほか、以下に掲げる報酬等を受け取ることも議員の権限といえます。

①議員報酬

報酬とは、非常勤職員における職務の対価をいいます。議員は非常勤の特別職であり、給料ではなく報酬となります。なお、支給額・支給方法は条例で定めることが必要です。

②費用弁償

費用弁償とは実費弁償と同じ意味で、その職務を執行するために要した経費をいいます。首長の附属機関の会議に出席した場合に日当や交通費を費用弁償として支払うケースがあります。なお、支給額・支給方法は条例で定めることが必要です。

③期末手当

期末手当とは、いわゆるボーナスのことです。議員には、期末手当の支給は法律上義務付けられていませんが、条例で規定すれば支給することも可能です。

6-8 議員の義務

［関係条文］自治法137条、129条等

義　　務	内　　容
会議に出席する義務	議員が正当な理由がなく招集に応じず、議長が、特に招状を発しても、なお故なく出席しない場合は、議会の議決を経て、懲罰が科せられる
規律を守る義務	議員は議会の会議中において秩序維持に努める義務がある。議長は、この義務に違反した議員には懲罰を科すことができる
懲罰に服する義務	懲罰を受けたときはこれに服さなければならない
兼職の禁止	国会議員、裁判官、他の地方公共団体の議員、常勤・短時間勤務の職員などの職と兼職することはできない
兼業の禁止	普通地方公共団体に対して請負をし、又は請負をする法人等の役員になれない

○議員には、招集に応じ会議に出席する義務や、規律を守る義務などがある。
○義務に違反した場合は、懲罰が科せられたり、議員の身分を失う場合がある。

根拠法
自治法137条
自治法129条
自治法92条
自治法92条の２

押さえておこう

●**規律を守る義務**

自治法129条１項では「議場の秩序を乱す議員があるときは、議長は、これを制止し、又は発言を取り消させ、その命令に従わないときは、その日の会議が終わるまで発言を禁止し、又は議場の外に退去させることができる」とされています。

また、同条２項には「議長は、議場が騒然として整理することが困難であると認めるときは、その日の会議を閉じ、又は中止することができる」と規定されています。

6-9 議長・副議長の選任

［関係条文］自治法103条、118条

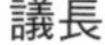

議会

選挙又は指名推選に
より１名ずつ選出

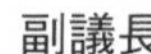

○議会は、議員の中から議長・副議長各１名を選挙する。ただし、議員に異議がないときは、指名推選の方法も認められている（自治法118条2項）。
○指名推選の場合は、指名された議員を当選人とするかを会議に諮り、議員の全員の同意があった場合に、当選人となる（118条3項）。

議長・副議長の任期

議長・副議長の任期は議員の任期となります。このため、議員としての身分を失えば、当然議長・副議長の地位を失います。それ以外には、本人の意思による辞職があります。仮に、議長・副議長に対する不信任議決が行われても、法的には何の影響もありません。

押さえておこう

●議長・副議長の辞職

議長が辞職する場合は、議会の許可が必要となります（自治法108条）。また、副議長が辞職する場合も議会の許可を得ることが必要ですが、閉会中の場合は、議長の許可を得て辞職することができます。いずれも、議長・副議長の職を辞するものであり、議員としての身分は有しています。議員としての辞職手続は、別途定められています。

6-10 議長・副議長の権限

［関係条文］自治法104条～106条

〔自治法に定める議長の権限〕

①委員会に出席し発言できる
②秘密会の発議
③議長の裁決権
（議事が可否同数の際、議長が裁決する）
④長などへの出席要求
⑤事務局長などに会議録を調製させる
⑥閉会中における議員の辞職許可
⑦議場の秩序の保持
⑧傍聴人の取締
⑨欠席議員に対する懲罰の発議 など

〔副議長の権限〕

議長に事故があるとき、又は欠けたときに
議長の職務を行う

副議長

ポイント

○議長は、議会の代表者であり、議場の秩序を保持し、議事を整理し、議会の事務を統理する権限をもつ。
○副議長は、議長に事故があるとき、又は欠けたときに、議長の職務を行う。

〔会議規則に定める議長の権限〕

①議会の開会等の宣告
②議事日程の作成・配布
③議題の宣告
④発言順序の決定
⑤発言の禁止、時間制限
⑥質疑・討論の終結の宣告
⑦一般質問の許可 など

押さえておこう

●議長の事故

議長の事故とは、議長が在職しているものの、職務を行うことができないことを指します。具体的には、病気、他の公務などですが、本会議中の短時間の離席なども含みます。

●議長が欠けたとき

議長が欠けたときとは、死亡、辞職、失職などにより、議長に欠員が生じていることを指します。

●副議長の地位

副議長は、議長が事故などのときに議長の職務を行います。しかし、そうでないときは、法的には副議長には特別な権限はなく、他の議員と同様の立場となります。ただし、実態として、議会を代表してさまざまな行事等に出席します。

6-11 仮議長・臨時議長

［関係条文］自治法106条2・3項、107条

仮議長

議長・副議長にともに事故があるときは、仮議長が議長の職務を行う

臨時議長

一般選挙後の最初の議会で議長選挙を行う場合などは、議場内にいる最年長議員が臨時議長として、議長選挙などの職務を行う

ポイント

○議長・副議長にともに事故があるときは、選挙で仮議長を決め、仮議長が議長の職務を行う。
○議長選挙や仮議長選挙を行う場合など、議長の職務を行う者がないときは、議場内にいる最年長の議員が臨時に議長の職務を行う。

必要最小限度の職務を行う

仮議長は、議会の運営に必要な限度を超えて議長の職務を行使すべきではないとされています。

また、臨時議長の権限は、議長、副議長、又は仮議長を定める選挙に関してのみとされています。

ともに必要な限度内での職務を行い、その後は速やかに議長を決定する必要があります。

押さえておこう

●仮議長

仮議長は、議長・副議長がともに事故のときに選挙によって決められ、議長の職務を行います。また、議会は仮議長の選任を議長に委任することもできます。なお、仮議長の就任にあたっては、本人の承諾が必要とされています。

●臨時議長

一般選挙後の最初の議会で議長選挙を行う場合、又は仮議長の選挙を行う場合で、議長の職務を行う者がないとき、議場内にいる最年長議員が臨時議長となります。

最年長とは、議場に出席している議員の中で最年長の者をいい、在職しているすべての議員の中でという意味ではありません。また、その最年長議員は臨時議長の職務を拒むことができないとされています。

第7章

議会にかかる法令等

7-1 地方自治法

［関係条文］自治法第６章

地方自治法（第６章）の目次	本書の主な該当項目
第１節 組織	1-3、6-4～6-5
第２節 権限	1-4～1-10、7-6
第３節 招集及び会期	3-1、3-2、3-6
第４節 議長及び副議長	6-9～6-11
第５節 委員会	5-1～5-7
第６節 会議	1-5、2-2、3-6、3-9、3-10、4-5、4-8、4-9、6-7
第７節 請願	4-3
第８節 議員の辞職及び資格の決定	6-6
第９節 紀律	4-10
第10節 懲罰	4-11
第11節 議会の事務局及び事務局長、書記長、書記その他の職員	7-5

○自治法では第６章に議会に関することが規定されている。
○自治法の改正により内容が変更されているので、最新の情報であるか注意する必要がある。

憲法における地方自治の規定

憲法では、第８章で地方自治に関して定めており、92条（地方自治の基本原則）、93条（地方公共団体の議会、長、議員等の直接選挙）、94条（地方公共団体の権能・条例制定権）、95条（特別法の住民投票）の４条文があります。

押さえておこう

●自治法の改正

議会に関する自治法の改正経過については全国都道府県議会議長会のサイトが参考になります。

7-2 会議規則

［関係条文］標準会議規則

標準市議会会議規則の目次	本書の主な該当項目
第１章 会議	
第１節 総則 第２節 議案及び動議 第３節 議事日程 第４節 選挙 第５節 議事 第６節 秘密会 第７節 発言 第８節 表決 第９節 公聴会、参考人 第10節 会議録	3-6～3-8 3-11、4-8、6-7 4-1 1-5 6-10、5-7 3-9 6-10、4-6 4-5 3-9、9-4
第２章 委員会	５章
第１節 総則 第２節 審査 第３節 秘密会 第４節 発言 第５節 委員長及び副委員長の互選 第６節 表決	
第３章 請願	4-3
第４章 辞職及び資格の決定	6-6
第５章 規律	4-10
第６章 懲罰	4-11
第７章 協議又は調整を行うための場	3-4
第８章 議員の派遣	8-2
第９章 補則	

○自治法120条では、「議会は会議規則を設けなければならない」と規定されている。
○都道府県・市・町村の全国議会議長会では「標準会議規則」を作成しており、多くの自治体ではこれに準拠した会議規則をつくり、議会運営を行っている。

会議規則制定等の発案権

会議規則は議会の運営に関するものですので、制定等の発案権は議員に専属し、長にはありません。

押さえておこう

●標準会議規則の歴史

昭和22年、自治法が施行されたことを受け、内務省は準則として「都道府県議会会議規則準則」を発表しました。

その後、昭和31年に自治法が大幅に改正されたことに伴い、準則を見直すことになり、全国都道府県議会議長会・全国市議会議長会・全国町村議会議長会は、自治省と共同で「標準都道府県議会会議規則」「標準市議会会議規則」「標準町村議会会議規則」を作成しました。

最近では、令和3年に各標準会議規則が改正され、本会議や委員会への欠席事由として育児、看護、介護等を明文化するとともに、出産について産前・産後期間を規定しました。また、請願に係る署名押印の見直しを行っています。

7-3 委員会条例・傍聴規則

［関係条文］標準委員会条例、標準傍聴規則

標準市議会委員会条例の目次

○自治法や会議規則以外にも、各地方議会は委員会条例、傍聴規則を定めている。
○委員会条例には、常任委員会や議会運営委員会、特別委員会の設置及び運営に必要な事項が定められている。
○傍聴規則には、会議の傍聴に関して必要な事項が定められている。

標準市議会傍聴規則の目次

第１条（趣旨）
第２条（傍聴席の区分）
第３条（傍聴券等の交付）
第４条（傍聴券）
第５条（傍聴証（章））
第６条（傍聴券への記入）
第７条（傍聴人の入場）
第８条（傍聴券等の提示）
第９条（傍聴券等の返還）
第10条（傍聴人の定員）
第11条（議場への入場禁止）
第12条（傍聴席に入ることができない者）
第13条（傍聴人の守るべき事項）
第14条（写真、映画等の撮影及び録音等の禁止）
第15条（傍聴人の退場）
第16条（係員の指示）
第17条（違反に対する措置）
附 則

押さえておこう

●標準市議会委員会条例の改正

取手市議会では委員会条例を改正し、災害の発生、感染症のまん延等のやむを得ない理由がある場合に委員がオンライン会議システムにより委員会の会議に出席することを認め、会議室に集まることなく、討論と表決を除く部分について出席委員として議事に参加できることになりました。

7-4 先例・申し合わせ

［参考］各議会の先例・申し合わせ

先例＝過去の議会運営で行われた処理例・事実例

例えば・・・

（招集告知）
　議会の開会は、議長名をもって招集告示の日に招集告知書により通知するのが例である。
（議案等の委員会付託）
　次の事件は、概ね委員会の付託を省略する例である。
議員提出議案、人事案件、専決処分の承認、退職手当組合規約
（質疑・質問の方法、順位、回数）
　発言通告制による質疑及び質問の順位は、発言通告書の提出順とする例である。

申し合わせ＝議員の話し合いにより決められたこと

例えば・・・

（会議日程）
　代表質問及び一般質問は、定例会初日から市の休日に当たる日を除き２日を空けてから行うものとする。
（一般質問）
　一般質問は、定例会初日の翌日（その日が市の休日に当たるときは次の日）の正午までに、所定の様式により通告する。
（動議）
　動議を提出する者は、「○番議員○○、○○○の動議を提出します。」と、動議の内容を明確に議長に告げるものとする。

○自治法や会議規則、委員会条例、傍聴規則などに定められていない部分を補完するものとして「先例」と「申し合わせ」がある。
○先例・申し合わせは、円滑な議会運営のための指針といえるものである。

押さえておこう

●国会における先例

先例や申し合わせは、国会（衆議院・参議院）にもあります。

参議院ホームページでは、先例について次のように説明されています。

「先例とは、議事関係法規に規定のない事項、その解釈に関する事項その他議院の運営に関する事項についての前例であり、議院の運営につき議事関係法規とともによりどころとなっているものです。

国会は、憲法、国会法及び衆・参議院規則などの議事関係法規に従って運営されていますが、これらの法規だけであらゆる事態に対応することは不可能です。例えば、憲法第67条第１項において、内閣総理大臣の指名は他のすべての案件に先立って行うよう定められていますが、実際の議事運営においては、議員の議席指定や正副議長の選挙などの議院の構成のように、内閣総理大臣の指名に先立って進めるべきものもあります。このように、法規の内容では足りないところを補充しながら円滑な議事運営を図るためよりどころとなるのが先例です」

7-5 議会事務局

[関係条文] 自治法138条

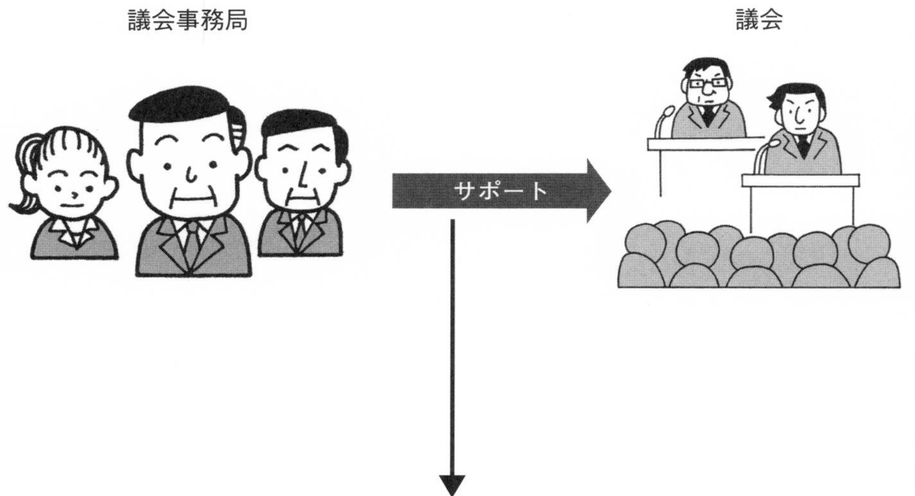

議会事務局の仕事は大きく３つに分けられる

庶務	議長、副議長の秘書業務をはじめ、議員報酬、政務活動費、議会改革や議会広報の事務及び事務局の庶務
議事	本会議、常任委員会などの議事運営及び会議録の作成
調査	市政の調査、議案の調査立案など、議会の政務調査のサポートや、調査特別委員会の運営、議会図書室の運営

○議会事務局は、議会に関する事務を行う。
○事務局の設置は、都道府県は必置だが、市町村は任意である。
○事務局には、事務局長、書記、その他職員を置く。
○事務局を置かない市町村の議会には、書記長、書記その他職員を置く。ただし、町村では書記長を置かないことができる。

議会事務局職員の任用

事務局職員の任命権者は議長となりますので、議会が独自に事務局職員を採用することは制度的には可能です。ただし、実態としては首長部局の職員が異動して、議会事務局の事務に従事することがほとんどです。これは、議会だけで固有の職員を任用しても、職員が固定化してしまうことなどが理由にあります。なお、議会事務局に限らず、教育委員会事務局、監査委員事務局、選挙管理委員会事務局などの行政委員会も同様です。

また、実際の発令方法も自治体によって異なります。異動前の任用日前日（例えば３月31日付）に首長部局から議会事務局への出向命令を発令するケース、任用日（４月１日付）に首長が首長部局と議会事務局の併任を発令するケース、議会事務局への事務従事を発令するケースなどがあります。首長部局からのそうした発令を踏まえ、４月１日には議長から「書記を命ずる」などの発令を受けるのが一般的です。

押さえておこう

●定数と任免

事務局長、書記長、書記その他常勤の職員（臨時の職を除く）の定数は、条例で定めることとなっています。また、事務局長、書記長、書記その他の職員は、議長が任免します。

●議会事務局の共同設置

効率的な行政運営に役立つことなどから、複数の地方公共団体が議会事務局、議会の事務を補助する職員を共同設置することができます（自治法252条の７）。

7-6 議会図書室

［関係条文］自治法100条19項・20項

議会図書室

議員の調査研究に資するため、
地方議会に設置義務（自治法100条19項）

官報・政府刊行物の保管

法律、行財政、地方自治等に関する文献の所蔵

○議員による利用
　立法機関としての条例制定や行政に対する監視機能のための情報収集、調査研究

○一般の利用を認めることもできる

○議会には図書室を設置して、官報、公報、刊行物を保管して置かなければならない。
○議会図書室は、議員の調査研究に役立てるために設置され、その管理は議長が行うべきものとされている。
○議会図書室は、一般の人にも利用させることができる。

刊行物の送付

政府は、都道府県の議会に官報及び政府の刊行物を、市町村の議会には官報及び市町村に特に関係があると認める政府の刊行物を送付しなければなりません。また、都道府県は、区域内の市町村の議会及び他の都道府県の議会に、公報及び適当と認める刊行物を送付しなければなりません。こうして送付されたものを、議会図書室では保管することとなります。

政府の刊行物

政府の刊行物とは、国費で発行頒布する各種資料その他の刊行物を指すとされています。政府が編纂するものであっても、国費で刊行しないものは含まれません。また、都道府県の刊行物も同様とされています。

押さえておこう

●議会図書室と大学等の連携

議員が執行部（行政）に依存せずに必要な資料や情報を入手するための知的基盤として、議会図書室の重要性が指摘されています。

大津市議会は、複数の大学との政策連携協定を生かして、龍谷大学図書館と連携しています。また、田原市は議会事務局の要請を受けた公共図書館も議会図書室用資料の選定など積極的に議会への支援を進めています。

議員の活動

8-1 政務活動費

［関係条文］自治法100条14項～16項

政務活動費の申請等の流れ（例）

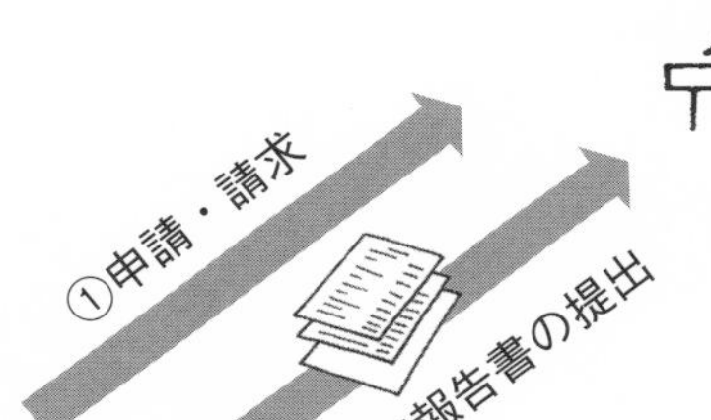

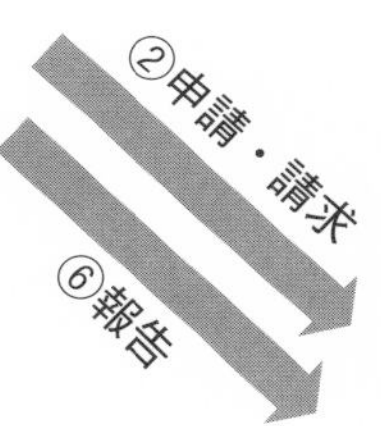

○地方公共団体は、条例で定めれば、調査研究その他の活動に資するために必要な経費の一部として、会派又は議員に対し、政務活動費を交付できる。
○条例には、①政務活動費の交付対象、②交付額、③交付方法、④政務活動費を充てることができる経費の範囲を定める必要がある。
○議長は、政務活動費の使途の透明性の確保に努めるものとされる。

政務活動費の１人あたりの交付月額
（令和２年12月31日現在）

１万円未満	47市（6.6%）
１万円以上 ２万円未満	245市（34.5%）
２万円以上 ３万円未満	164市（23.1%）
３万円以上 ５万円未満	118市（16.6%）
５万円以上 10万円未満	75市（10.5%）
10万円以上 20万円未満	41市（5.8%）
20万円以上 30万円未満	8市（1.1%）
30万円以上	13市（1.8%）

※各割合は、政務活動費を交付している711市を基準としている
出典：全国市議会議長会
「令和３年度　市議会の活動に関する実態調査結果」をもとに作成

押さえておこう

●支給対象

政務活動費の支給対象としては、①会派、②議員個人、③会派と議員の３つがあります。

●政務活動費の対象

政務活動費の対象としては、調査研究その他の活動に資するものとされています。

その他の活動には、対外的な陳情活動等のための旅費、会派単位で行う会議に要する経費などがあります。ただし、議員としての活動に含まれない政治活動、選挙活動、後援会活動などは含まれません。

なお、かつて政務活動費は政務調査費といわれ、議員の調査研究活動に資するものに限定されていましたが、平成24年の自治法の改正に伴い、政務活動費となりました。

●収支報告書

議員は、政務活動費にかかる収支報告書を議長に提出する必要があります。

8-2 議員派遣

［関係条文］自治法100条13項、標準市議会会議規則167条

議員派遣の法的根拠

自治法100条13項

議会は、議案の審査又は当該普通地方公共団体の事務に関する調査のためその他議会において必要があると認めるときは、会議規則の定めるところにより、議員を派遣することができる。

標準市議会会議規則167条

法第100条第13項の規定により議員を派遣しようとするときは、議会の議決でこれを決定する。ただし、緊急を要する場合は、議長において議員の派遣を決定することができる。

② 前項の規定により、議員の派遣を決定するに当たっては、派遣の目的、場所、期間、その他必要な事項を明らかにしなければならない。

○議会は、議案の審査又は地方公共団体の事務に関する調査のため、その他議会で必要と認めるときは、議員を派遣することができる。
○議員派遣を行うには会議規則でその手続について規定する必要があり、また本会議において議決する必要がある。

本会議での議決

〈派遣の目的〉
小規模工事入札制度についての調査
〈派遣先〉
□□県○○市
〈派遣の期間〉
令和３年２月５日(金)(１日間)
〈派遣議員〉
Ａ議員、Ｂ議員、Ｃ議員

押さえておこう

●本会議での議決

本会議での議決にあたっては、①派遣目的、②場所、③期間、④その他必要な事項を明らかにする必要があります。ただし、緊急を要する場合には、議長権限で議員の派遣を決定することができます。

●議員の海外視察

議員の海外視察については判例もあり、是認されています（最高裁昭和63年３月10日第一小法廷判決など)。現在はこの議員派遣の制度により行われています。

8-3 委員派遣

［関係条文］標準市議会会議規則106条、自治法109条8項

令和３年８月23日

東西市議会
議長　○　○　○　○殿

総務常任委員会
委　員　長　○　○　○　○

委員派遣承認要求書

本委員会は、下記により委員を派遣することに決定したので承認されるよう、東西市議会会議規則第△条の規定により要求します。

記

１ 派 遣 日　　令和３年10月25日～27日

２ 場　　所　　富山県富山市
　　　　　　　石川県金沢市

３ 目　　的　　所管事務等調査のため

４ 派遣議員　　○○○○、○○○○、○○○○
　　　　　　　○○○○、○○○○、○○○○

５ 経 費　　　３７０，０００円

○委員派遣とは、委員会が審査又は調査のために、委員を現地に派遣し、現地の視察・調査を行うことをいう。
○委員派遣は議会開会中だけでなく、委員会が閉会中も継続審査を行っている場合には、閉会中にも派遣することができる。

委員派遣の手続

①委員会で派遣の日時、場所、目的、経費等を決定

②委員長から議長に派遣承認要求書（派遣の日時等を記載したもの）を提出

③議長が委員派遣を承認

押さえておこう

●本会議での議決は不要

委員派遣は、議員派遣とは異なり、本会議での議決は必要ありません。会議規則に規定された手続によって行われます。

●委員派遣の内容

定例会中は会期が短いことや他の会議もあることから、閉会中に委員派遣が行われることが比較的多いです。また、目的は施設の視察や、他自治体への事業内容の調査などさまざまです。

●政務活動費に基づく視察

議員の視察には議員派遣、委員派遣以外に、政務活動費による視察もあります。また、議員個人や会派単位で実施されることもあります。

8-4 選挙運動

［関係条文］公選法129条～178条の3

選挙公報の例（イメージ）

令和○年○月○日執行
東西市議会議員選挙

選挙公報

東西市選挙管理委員会

住みたい街NO.1に!!

暮らしを守る７つの改革提案！

1. 待機児童の削減
2. 防災・減災対策
3. 医療・介護の推進
4. 市民活動の支援充実
5. 議会改革の実現
6. 政策の精査・見直し
7. 教育改革の推進

議会太郎

○選挙運動とは、「特定の選挙で、特定の候補者の当選を目的として、投票を得又は得させるために、直接又は間接に働きかける行為」をいう。
○政治活動とは、「政治上の目的で行われる一切の活動から、選挙運動にわたる行為を除いたもの」をいう。

具体的な選挙運動

①選挙事務所の設置
②選挙運動用自動車の使用
③選挙運動用はがき
④新聞広告
⑤ビラの配布（衆議院議員選挙・参議院議員選挙及び地方公共団体の長の選挙に限る）
⑥選挙公報
⑦ポスターの掲示
⑧街頭演説
⑨個人演説会

押さえておこう

●選挙公報
公職選挙の候補者の氏名、経歴、政見などを掲載した文書で、選挙管理委員会により選挙ごとに発行されます。

●演説会
演説会とは、あらかじめ特定の候補者等の選挙運動のための演説を行うことを周知し、それを聞くことを目的として会場に集まっている聴衆に向かって演説を行うことをいいます。公選法において認められている演説会は、個人演説会、政党演説会及び政党等演説会の３種類です。

●禁止されている選挙運動
禁止されている選挙運動としては、買収、戸別訪問、気勢を張る行為、飲食物の提供、署名活動などがあります。

8-5 地域活動

議員は議会以外にもさまざまな活動をしている

町会・自治会

消防団

議会活動

ボランティア

ＰＴＡ

○議員は、議会活動だけでなく、町会・自治会、消防団、ボランティア、PTA、NPOなど、多種多様な地域活動を行っている。
○地域活動を行う中で、地域の課題を見つけたり、住民からの意見を聞いたりして、議会活動に反映する。住民からの要望や陳情を受け、行政への橋渡し的な役割を担ったり、本会議や委員会で行政に見解を問うこともある。

議会活動に反映

押さえておこう

●議員事務所

国会議員でも地方議員でも、一般に個人の事務所をもち、議員活動の拠点としています。国会議員には議員会館があり、国会法132条の2に基づき、国会議員へ事務室が提供されています。しかし、議員事務所はあくまで私的なものとなっています。

●会派控室

一般的に、地方議会においては会派ごとに「会派控室」などの名称で、議員のために一定のスペースが確保されています。ここで議員は、会派としての会議を開催したり、直接住民からの陳情を受け付けたりします。その他、一般質問の作成や執行機関の担当者との打合せなどにも活用します。

●後援会

後援会とは、議員個人の支援団体です。一般に、議員は後援会名簿を作成して、議会報告会、旅行会、懇親会などさまざまな活動を行います。

●市政報告会

議員個人が、市政報告会などの名称で自らの議員活動を報告する場を設置することがあります。

議会改革

9-1 議会基本条例

［関係条文］栗山町議会基本条例等

栗山町議会基本条例のイメージ（平成18年制定当初）

【地方自治法】議員定数（上限あり）・議会の招集権・複数常任委員会への所属・自治体職員が議員になれないこと等
【公職選挙法】議員の被選挙権が25歳以上であること等

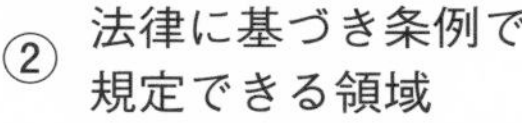

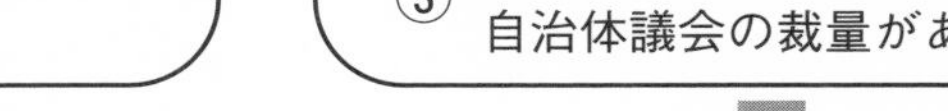

② 法律に基づき条例で規定できる領域

- 地方自治法第96条第2項に基づく、議会の議決事件の追加
- 自治法第100条第12項に基づく政務調査費に対する領収証添付の義務付けと公開

③ 法律で規定されているが自治体議会の裁量がある領域

- 自治法第100条第16項に基づく図書室の設置
- 自治法第120条に基づく会議規則を議会基本条例に対応した内容とする
- 自治法第109条第5項に基づく参考人制度の活用

⑤ 理念（前文）及び目的（第１条）
栗山町議会のあるべき姿とその目的

議会基本条例の制定

○議会基本条例とは、議会が議会運営の基本原則を定めた条例である。
○これまでの地方議会のあり方を見直し、議会の活性化を図ろうとするもので、平成18年5月に北海道栗山町が全国に先駆けて制定し、議員間の自由討議や執行機関の反問権などを規定している。
○議会基本条例は、その後、多くの自治体で制定されている。

① 法律に規定されており自治体議会に裁量のない領域

④ 自治体議会が自ら定める領域

- 議員間の自由討議の活発化
- 町長等の反問権の明確化
- 議会事務局（調査・法制）の体制整備
- 議会インターネットライブ中継
- 議会中継録画配信の開始
- 議長報告会の実施
- 一般質問における一問一答方式の採用
- 修正権・提案権の行使
- 議会広報の充実
- 会議資料等の配布
- 住民参加のシステムづくり
- 議会の情報公開の推進と説明責任
- 議員研修の充実

出典：栗山町ホームページ
注：上記図表内の条項は条例制定当時のもの

押さえておこう

●北海道栗山町の議会基本条例

平成18年制定当時の栗山町の議会基本条例の内容の特徴としては、以下のようなものがあります。

①町民や団体との意見交換のための議会主催による一般会議の設置
②請願、陳情を町民からの政策提案として位置づけ
③重要な議案に対する議員の態度（賛否）を公表
④年１回の議会報告会の開催を義務化
⑤議員の質問に対する町長や町職員の反問権の付与
⑥５項目にわたる議決事項の追加
⑦議員相互間の自由討議の推進
⑧政務調査費に関する透明性の確保
⑨議員の政治倫理を明記
⑩最高規範性、４年に１度の見直しを明記

また、栗山町議会基本条例では見直しの規定を定めており、１年ごとにおいて実施することとしています。

※以上は、栗山町ホームページから抜粋

9-2 通年議会

［関係条文］自治法102条、102条の2

通年議会の２つの方式

項目	定例会を年１回とする方式	通年の会期方式
概要	①条例で定例会の回数を年１回とする。議会の議決により、会期を約１年に決定する ②毎年、首長が議会を招集する ③首長の招集によらずとも、議会の判断で本会議を開くことが可能（１年間）	①条例で会期（１年）と定例日を定める ②実質的に４年に１回、首長が議会を招集する ③首長の招集によらずとも、議会の判断で本会議を開くことが可能（４年間）
定例会	年１回	定例会、臨時会の区分がない
招集	年１回	実質的に４年に１回 • 改選期に首長が招集 • ２年目以降はみなし招集
会期の決定	議会を開く度に、議決で定める	あらかじめ、条例で定める（１年）
会期	ほぼ１年 （招集に一定の期間が必要なため、会期は１年未満になる）	１年 （切れ目がない）
本会議の開催	議長が決定する	定例日は、条例で定める 随時開催日は、議長が決定する

○通年議会とは、議会の会期を1年として、その間は議会の判断で必要に応じて会議を開けるようにする制度である。
○通年議会のメリットとしては、長の専決処分の減少、審議時間の拡充などによる議会運営の充実、活性化が図られることが挙げられる。
○一方で、議会予算の増加などのデメリットも指摘されている。

通年議会の導入状況

全国市議会議長会の「令和3年度　市議会の活動に関する実態調査結果」によると、導入している市は、815市中46市（5.6%）となっています。

押さえておこう

●通年議会の方法

通年議会には、2つの方法があります。1つは、定例会を年1回とし、会期を1年とする方法です（自治法102条1項）。もう1つは、定例会・臨時会の区分を設けず、「通年の会期」とし、条例で定める日から翌年の当該日の前日までの1年を会期とする方法です（自治法102条の2）。後者の場合は、長の招集は改選時の4年に1回となり、4年間は長の招集によらず、議会の判断で会議を開くことが可能となります。

9-3 夜間・休日議会

夜間議会の開催事例

都道府県	市区名	開催月日	会議名	
大阪府	大東市	２月16日	令和元年定例月議会	

休日議会の開催事例

都道府県	市区名	開催月日	会議名	
大阪府	羽曳野市	２月29日	令和２年第１回定例会	
埼玉県	久喜市	２月24日	令和２年２月定例会 本会議	
熊本県	合志市	３月７日	定例会	

出典：全国市議会議長会「令和３年度　市議会の活動に関する実態調査結果」をもとに作成

○住民に開かれた議会とするため、夜間や休日に議会を開催する自治体もある。
○平日昼間では議会に行けない会社員などが傍聴できるようになるが、自治体によっては当初は傍聴者が増えたものの、後に減少してきたところもある。

（令和２年１月１日～令和２年12月31日）

開催内容	傍聴者数
一般質問	6

（令和２年１月１日～令和２年12月31日）

開催内容	傍聴者数
第２日目「土曜議会」市長の施政方針に対する代表質疑	9
市政運営並びに予算編成の基本方針に対する代表質問	56
新型コロナウイルス感染症対策のため予算に係る議案の採決を前倒しして行った	4

押さえておこう

●夜間・休日議会の開催事例

全国市議会議長会の「令和３年度　市議会の活動に関する実態調査結果」によると、令和２年中、夜間議会を開催した市は１市、休日議会を開催した市は19市となっています。この調査結果には傍聴者数も自治体別に記載されていますが、０人から56人と幅があります。

●時間外勤務手当増加への対応

夜間・休日議会を開催することにより、自治体職員の時間外勤務手当が増加し、結局経費の増加につながるとの指摘もありますが、代休や時差出勤などで対応する場合もあります。

9-4 会議録の公開

［関係条文］自治法123条

以前……会議録冊子または傍聴のみ

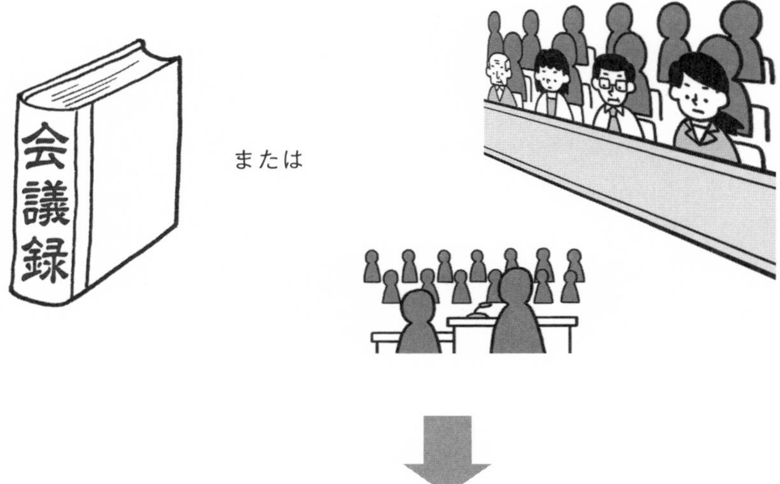

現在……インターネット上でも閲覧可能

○議長（議会太郎君）
　これより本日の会議を開きます。
○議長（議会太郎君）
　昨日に引き続き質問を行います。
　九十四番東西花子君。
　………

ポイント

○会議録は、会議の次第をありのままに記録したものである。
○自治法123条では、議長は事務局長などに書面又は電磁的記録により会議録を作成させると定められている。
○現在、会議録を議会事務局のホームページなどで公開している自治体が増えている。

インターネットによる会議録検索システムの導入状況

	本会議会議録	委員会会議録
5万人未満（280市）	198市（70.7%）	46市（16.4%）
5～10万人未満（250市）	217市（86.8%）	97市（38.8%）
10～20万人未満（152市）	149市（98.0%）	99市（65.1%）
20～30万人未満（48市）	48市（100%）	42市（87.5%）
30～40万人未満（29市）	29市（100%）	26市（89.7%）
40～50万人未満（21市）	21市（100%）	16市（76.2%）
50万人以上（15市）	15市（100%）	13市（86.7%）
指定都市（20市）	20市（100%）	20市（100%）
全市（815市）	697市（85.5%）	359市（44.0%）

出典：全国市議会議長会
「令和３年度　市議会の活動に関する実態調査結果」をもとに作成

押さえておこう

●会議録の記載事項

①開会及び閉会に関する事項並びにその年月日時／②開議、散会、中止及び休憩の日時／③出席及び欠席議員の氏名／④職務のため議場に出席した事務局職員の職氏名／⑤説明のため出席した者の職氏名／⑥議事日程／⑦議長の諸報告／⑧議員の異動並びに議席の指定及び変更／⑨委員会報告書及び少数意見報告書／⑩会議に付した事件／⑪議案の提出、撤回及び訂正に関する事項／⑫選挙の経過／⑬議事の経過／⑭記名投票における賛否の氏名／⑮その他議長または議会において必要と認めた事項

●会議録作成における音声認識システムの導入状況

「音声認識システム」とは、本会議、委員会及び協議等の場の審議において、発言者の音声を認識し書き起こすシステムのことを指します（AIを含む)。「令和３年度市議会の活動に関する実態調査結果」によると、システムを導入している自治体は146市（17.9％)、導入していない自治体が635市(77.9％)、試行などのその他は34市（4.2％）となっています。

9-5 会議映像の公開

ポイント

○会議映像を公開する手段としては、庁舎内のモニターテレビ、ケーブルテレビ、ラジオ、インターネット（生中継・録画配信）などがある。
○公開の対象は、本会議だけでなく常任委員会・特別委員会・議会運営委員会などの委員会を対象としている自治体もある。

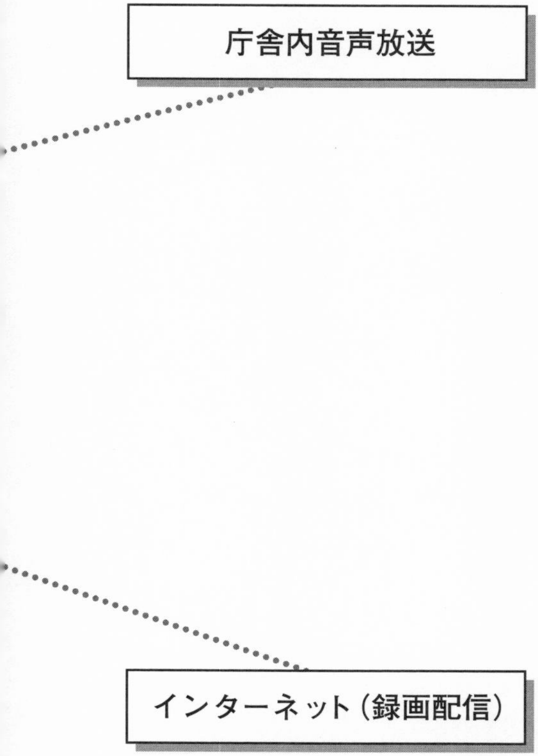

庁舎内音声放送

インターネット（録画配信）

押さえておこう

●本会議の放送方法

全国市議会議長会の「令和３年度　市議会の活動に関する実態調査結果」によると、本会議の放送方法（複数回答）としては、①インターネット（録画・携帯端末含む）（84.5％）、②庁舎内モニターテレビ（70.9％）③インターネット（生中継・携帯端末含む）（65.4％）の順となっています。

●映像の工夫

議会によっては、単にそのまま会議の様子を放送するのでなく、議員の写真や質問項目などを掲載している自治体もあります。

9-6 反問権

［関係条文］栗山町議会基本条例５条２項等

従来〔議員は執行部に質問や再質問ができるが、執行部からは議員に問い返すことができない一方的なやりとり〕

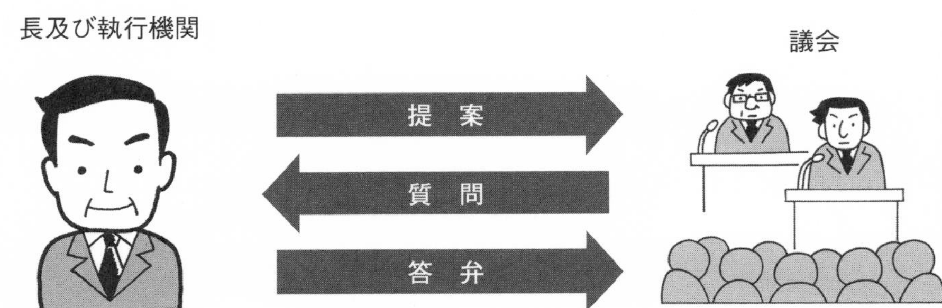

反問権〔首長及び職員が、議長の許可により議員の質問に対して論点・争点を明確にするため、反問することができる権利〕

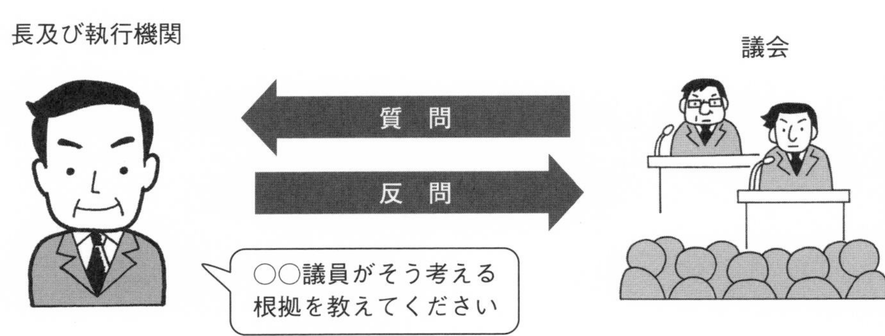

ポイント

○反問権とは、首長など執行機関の職員が、議員の質問の真意や問題点を反問する権利のことをいう。
○従来は、議員の質問に対して執行機関が答えるという一方通行だったが、反問権を認めることで、双方向の議論となり、議会の活性化が期待されている。

反問の内容

反問の内容としては、①質問の趣旨、意図などを確認する、②議員の主張する内容の理由・根拠を尋ねる、③議員の提案内容を確認するなどがあります。反問の範囲について規定している場合もあります。

押さえておこう

●反問権の規定状況

全国市議会議長会の「令和3年度　市議会の活動に関する実態調査結果」によると、反問権を規定している自治体は、815市中564市(69.2%)となっています。

また、反問権の根拠としているのは、議会基本条例、会議規則、要綱や申し合わせなどです。

9-7 一般会議

［関係条文］栗山町議会基本条例４条２項等

一般会議のイメージ

○一般会議とは、住民の求めに応じて開催されるもので、住民と議会との対話、住民と行政との会話などがある。
○自治法に規定はなく、各議会が議会基本条例等で定めている。

一般会議での議題

市議会に関すること

市政に関すること

その他市の重要な事項に関すること

押さえておこう

●一般会議の目的

北海道栗山町のホームページでは、一般会議の目的などを次のように記載しています。
「議会では、栗山町議会基本条例に基づき、町民の皆さんの希望に柔軟に対応するため、議会と住民がいつでも意見交換することができる一般会議を設置しています。一般会議は、議会への町民参加の機会を設けるとともに、多様な住民の意思・意見を聴取し、そこから発生する町政上の課題に対応するための政策提案の拡大を図ることを目的としています。団体、個人グループなどからご希望があれば、可能な限り対応いたします。また、その時々の町政上の問題によっては、議会からも声を掛けさせていただくこともあります。」

9-8 議員間（自由）討議

［関係条文］三重県議会基本条例15条等

議員間（自由）討議を行った会議の種類（令和２年１月１日～令和２年12月31日）

	本会議	委員会	協議の場等	事実上の会議	その他
５万人未満（110市）	9市（8.2%）	91市（82.7%）	32市（29.1%）	8市（7.3%）	6市（5.5%）
５～10万人未満（100市）	5市（5.0%）	81市（81.0%）	19市（19.0%）	9市（9.0%）	2市（2.0%）
10～20万人未満（67市）	2市（3.0%）	59市（88.1%）	12市（17.9%）	9市（13.4%）	6市（9.0%）
20～30万人未満（17市）	0市（0%）	16市（94.1%）	5市（29.4%）	3市（17.6%）	0市（0%）
30～40万人未満（11市）	0市（0%）	10市（90.9%）	1市（9.1%）	0市（0%）	3市（27.3%）
40～50万人未満（11市）	2市（18.2%）	10市（90.9%）	2市（18.2%）	0市（0%）	0市（0%）
50万人以上（7市）	1市（14.3%）	7市（100%）	0市（0%）	1市（14.3%）	0市（0%）
指定都市（14市）	1市（7.1%）	12市（85.7%）	3市（21.4%）	2市（14.3%）	1市（7.1%）
全市（337市）	20市（5.9%）	286市（84.9%）	74市（22.0%）	32市（9.5%）	18市（5.3%）

出典：全国市議会議長会
「令和３年度　市議会の活動に関する実態調査結果」をもとに作成

○従来の議会では、議員が質問して、それに執行機関が答えるというやり取りが一般的であったのに対し、議員間（自由）討議は、議員同士の議論の場を確保し、議論を深めて結論を導こうとするものである。
○単に、相手の主張を否定したり、賛否を決したりするだけでなく、新たな解決策を導こうとする手法といえる。

文字通り議員同士が意見を交わす

押さえておこう

●自由討議の実態

全国市議会議長会の「令和３年度　市議会の活動に関する実態調査結果」によると、815市中、自由討議を規定している市は532市（65.3％）です。このうち、議会基本条例で規定している市が最も多く、次いで要綱や申し合わせ、会議規則、その他となります。

また、自由討議を行った会議の種類としては、①委員会（286市・84.9％）、②協議等の場（74市・22.0％）、③事実上の会議（32市・9.5％）の順となります。

さらに、自由討議の対象としては、①市長提出の議案等（197市・58.5％）、②請願・陳情等の市民提案（155市・46.0％）、③その他（124市・36.8％）、④議員・委員会提出の議案等（86市・25.5％）の順となっています。

9-9 議会報告会

［関係条文］気仙沼市議会基本条例５条７項等

開かれた議会をめざします！
皆様の声をお寄せください！

東西市議会
議会報告会のご案内

日時　**2021年10月25日（月）**
19：00～20：30
※どなたでもご自由に参加できます（事前申込み不要）

会場　**東西市文化ホール**
大会議室

○東西市議会の概要
○３月定例会の審議内容の報告
○市民の皆様との意見交換

問い合わせ：東西市議会事務局／電話 ○○○－○○○－○○○○

○議会報告会とは、議員が直接地域に出向き、住民に対し政策提言や議会活動の状況を報告し、住民の意見を聞くものである。
○地方分権が進展し、まちづくりにおける住民参加が重要になる中、議会報告会は、住民との交流を活発化させることにより、議会の権能を高めていくことを目的としている。

議会報告会の開催状況

全国市議会議長会の「令和3年度　市議会の活動に関する実態調査結果」によると、815市中、議会基本条例に基づき開催した市は191市（23.4%）、申し合わせ等に基づき開催した市は30市（3.7%）となっています。

押さえておこう

●議会報告会の課題

議会報告会の課題としては、①同じ議員・住民だけが意見を述べるのではなく、多くの参加者が意見を述べることができるようにする、②出席議員が特定の会派だけにならないようにする、③批判やクレームだけで終わらずに、議論が深まるようにするなどがあります。

【参考文献】

松本英昭著『新版　逐条地方自治法〈第９次改訂版〉』（学陽書房）
廣瀬和彦著『地方議員ハンドブック』（ぎょうせい）
大塚康男著『議会人が知っておきたい危機管理術 改訂版』（ぎょうせい）

索　引

あ

か

さ

た

な

は

ま

や

ら

【著者紹介】

武田正孝（たけだ・まさたか）

元江東区生活支援部長。

1991年江東区役所入庁、財政課長、企画課長、福祉推進担当部長などを経て、2022年勧奨退職。退職後は書籍執筆、研修講師などを行う。

著書に『スッキリわかる！ 自治体財政のきほん』『スッキリわかる！ 地方公務員法のきほん』（ともに学陽書房）がある。

図解 よくわかる地方議会のしくみ〈改訂版〉

初版発行　2015年10月15日
改訂版発行　2022年8月17日
2刷発行　2023年4月28日

著　者――武田正孝（たけだ まさたか）
発行者――佐久間重嘉
発行所――学陽書房

〒102-0072　東京都千代田区飯田橋1-9-3
http://www.gakuyo.co.jp/
営業● TEL 03-3261-1111　FAX 03-5211-3300
編集● TEL 03-3261-1112　FAX 03-5211-3301

DTP制作――フェニックス
装　丁――佐藤　博
印刷・製本――三省堂印刷

★乱丁・落丁本は、送料小社負担にてお取り替えいたします。

ISBN978-4-313-18066-6　C2031